新版 未来を拓く教育

田中潤一・田中達也
Junichi Tanaka & Tatsuya Tanaka

ナカニシヤ出版

はじめに

本書は大学の教職課程の「教育原理」で使用されるテキストとして執筆されている。著者は本著『未来を拓く教育』を教育原理のテキストとして長らく使用してきたが，教職課程コアカリキュラムが作られたことや学習指導要領が改訂されたこともあり，テキストの内容を刷新すべきと考え，新版を作ることとした。本著の内容は，改訂前の『未来を拓く教育』から引き継いだ章もあるが，加筆・削除した章も多く，内容は大幅に変更されている。

また本書はもう一つ目的を持って執筆されている。教職課程のテキストであると同時に，教育哲学・教育史の概説書としても通用するように考えて本書の編集を行なった。大学の教職課程の「教育原理」の授業目的は，将来教員になる意欲を持った学生に対して教育者として必要な哲学的・歴史的教養を身につけさせることが大きな目的であるが，さらに本書は教育哲学・教育史一般についても学びたいという読者をも対象としている。

この10年で日本社会，そして国際社会は大きく変化した。政治・経済面での大きな変化はもちろん，AIや情報機器に代表される科学技術の発展はかつて予想ができない発展を遂げた。10年後の日本は，さらに予想もできない大きな変化を遂げているに違いない。これから育っていく子どもたちには，どのような変化にも耐えられる柔軟な発想力や創造力を持ってほしいと願っている。教育が社会の発展のために果たす役割は大きなものがある。子どもたちが不易で確固たる精神を持つためには，やはり哲学・歴史の教養が必要となろう。先人の学問的業績を学ぶことは，次世代の社会がより良い社会へと飛躍するための礎になる。先人の精神を活用することによって，われわれ自身が新しい哲学を創り出し，新しい歴史を切り拓いていくことが可能となるであろう。

本書の出版に際しては，ナカニシヤ出版の石崎雄高氏に大変お世話になった。深く感謝申し上げたい。

目　　次

新版　未来を拓く教育

第1章　教育の基礎概念

1　人間の成長と教育

われわれは教育という言葉を聞いた時，どのようなイメージを思い浮かべるであろうか。人間には必要な活動であるとして肯定的に捉える人がいるかもしれない。他方，自らが受けてきた教育に不満を持っているがために，教育を否定的に捉える人もいるかもしれない。教育をどのように捉えるかは人によって異なるが，教育という活動がなくなってよいと考える人はおそらくいないであろう。人間にとって教育は，それがどのような形態を取るかは別にして，必要な活動であることは万人が認めるところであろう。

しかし「教育とは何か」という問いを発した途端，人によって答えはさまざまになるであろう。「教育とは何か」という問いを「教育の目的は何か」という問いに解釈する人がいるかもしれない。さらに「教育とは何か」という問いを「教育を行う場所はどこか」という問いに解釈する人もいるかもしれない。また「教育とは何か」という問いを「教育を行うのは誰か」という問いに解釈する人がいるかもしれない。それらの問いに対する答えも，さまざまな意見があるであろう。しかし同時に言えることは，われわれは教育という言葉について考える時，教育の理想的なあり方について考えざるを得ないということである。教育の理想的なあり方という観点から，「教育の目的」「教育の場所」「教育の主体」はどのように考えられるであろうか。以下，教育の理想的なあり方について考察していくが，まずは教育という言葉の成り立ちから見ていきたい。

2　教育の語義

(1) 教　育

教育は英語で education，フランス語で éducation，ドイツ語で Erziehung であるが，これらの言葉はいずれも共通の由来を有する。その共通の由来とはラテン語の educo である。さらに educo は文法的には一人称単数形であり，その基となる不定形に直す必要があるのであるが，educo の不定形としては二つの説がある（このことに関しては齋藤が詳しく研究している[(1)]）。一つは「educere」であり，もう一つは「educare」である。「educere」と「educare」は一見一文字のみの違いに見えるが，そこには大きな違いがある。「educere」は，「e」と「ducere」に分けられる。「e」は「外へ」という意味があり，「ducere」は「引き出す」という意味がある。つまり，「educere」の意味するところは，大人が子ども一人ひとりの有する才能を引き出していくことが教育である，ということである。他方，「educare」は，「育て上げる」，「訓練する」という意味を有している。「educere」と比較して，大人が子どもに対して知識や規範を教え込むという意味を有している。

もし教育という活動が単に教え込むだけであるならば，子どもの自主性は育たず，ロボットのような性格を持った人間性になってしまうであろう。その点で「educere」という観点は，子どもの自主性を育てる意味で非常に重要である。しかし生まれたままの子どもが何も知識や規範を持っていないことも事実であり，大人がある程度子どもに知識・規範を積極的に教えていかなければならない。この点では「educare」という観点も重要である。

教育は単に詰め込む教育だけでは不十分であり，逆に放任しておくことも不十分である。ある程度大人が子どもを導きながらも，同時に子どもが自分から学んでいく姿勢を身につけることが重要である。このような観点から教育には，「educere」と「educare」の両方の観点が必要であると言えよう。

(2) 陶　冶

さてもう一つ教育に類似した言葉として，教育学者がしばしば使用する用語に，「陶冶（とうや）」という言葉がある。戦前はよく用いられたが，現在使用されることはほとんどなくなっている。この言葉についても説明したい。

陶冶とは，ドイツ語のBildungの訳語であり，英語ではformationに相当する言葉である。戦前のドイツではBildungに関する議論が数多くなされ，「陶冶学」[(2)]という領域まで生み出された。その代表例としてヴィルマン，シュプランガー，ケルシェンシュタイナーなどが挙げられる。

日本では吉田熊次が陶冶研究の代表的研究者として知られる。吉田はおおよそ次のように言っている[(3)]。子ども一人ひとりの内面性が育成され，その内面性はひとつの「形」として確定するのであるが，この子どもの成長はさまざまな文化的・歴史的に継承された知識や技術を学ぶことによって行なわれる。つまり子どもはさまざまな文化的環境になじむことによってはじめて，自らの独自性を一つの「形」として作り出すことができる。「形」はあらかじめ決められたものではない。子どもの活動と，子どもが暮らしている文化的環境の相互作用の中で，子どもが一人ひとり「形」を習得していくものである。それゆえ「形」は文化や子どもによって常に異なるものである。

それに対してドイツの哲学者ガダマーは『真理と方法』においてBildungについて独自の考えを述べている[(4)]。Bildungは元々その語の中に，Bild（像）という言葉を含んでいる。（英語のformationでも同様にformという言葉が含まれている）。「像」とは何を意味するのかというと，「神の似姿」を意味していた。人間は神の似姿をモデルとして成長するという神秘主義的な考えが，そもそもBildungに含まれていた。しかし時代が下るにつれてそのような意味合いは目立たなくなり，Kultur（育成）という意味とほぼ同じになった。さらにヘーゲル哲学の登場によって，人が自己とは異質なものを自己のうちに取り込むことによってより自己を高い段階へと成長させることという意味を持つに至った。この異質なものとは歴史的な知を意味する（ガダマーの言葉に従うならば，歴史的な知とは古典古代の人文主義的教養である）。歴史的な知は，現在に生きるわれわれにとって一見なじみのないものであるが，歴史的な知を習得することがわれわれの判断力や認識力を培ってくれるのである。

さてBildungは日本語で「陶冶」と訳されると同時に,「教養」と訳されることもある。Bildungとは,個々の人間が単に新しい「形」を作り出すのではなく,歴史的な知(教養)の精神をモデル(「像」)にして成長していくことを意味していると言える[(5)]。

3 教育の目的

(1) 一般陶冶と職業陶冶

まずは教育目的について見ていきたい。そもそも教育とはどのような目的のために行なうのであろうか。一つの考えとして「一般陶冶」という視点がある。一般陶冶は一般教育,一般教養,普通教育と言い換えてもよいであろう。一般陶冶とは,すべての子どもが大人になった時に必要となるであろう知識や技能,さらには思考力や判断力などをしっかりと身につけさせることである。とりわけ年少の時期には,一般陶冶をすることが重要とされる。一般陶冶の反対概念は「職業陶冶」であるが,年少の時期には特定の職業ための職業教育を行なうのは望ましくない。なぜなら特定の職業のための職業教育しか受けていないならば,そのような子どもは将来別の職業に移行することができなくなってしまうからである。年少の頃には,将来どんな職業に就くにしても必要になるであろう共通の知識や技能をまずは修得しておくことが求められる。たとえば日本において小学校や中学校は「普通教育」であり,職業教育を行うことはできず,まさに一般陶冶の立場から教育が行なわれていると言えよう。さまざまな分野の知識や技術を修得することによって,幅広い人間性が培われる。「一般陶冶はもともと統一的な人格の形成をめざしたものであるから,職業陶冶の個別性をこえて,すべての人に例外なく一般的に要求される価値と能力の存在を想定する。このような価値の陶冶,能力の陶冶においてのみ,共通の人間性がうちたてられるものと考える[(6)]」。

次に職業陶冶とは何か。職業陶冶は職業教育と言い換えた方がわかりやすいかもしれない。職業陶冶は特定の職業につくための知識や技術を教える教育である。子どもは誰しも大人になれば特定の職につき,生活のために働かなければならない。特定の職につくためには,特定の知識や技術が必ず必要となる。その点から考えると職業陶冶は人間が生きていくためには必要不可欠である。日本では高等学校の専門課程や，大学，専門学校において職業陶冶が行なわれている。「狭義には物資の生産・流通・消費に結びつく職業，すなわち農業・工業・商業・水産・家庭などに関する実務的な教育をいい，産業教育（戦前は実業教育）とほぼ一致する[(7)]」。

さてこのように一般陶冶と職業陶冶は相反する概念であるが，両者を対立的に捉えるのではなく，調和的に捉えることが必要であろう。たとえば小学校や中学校において特定の職業教育が行なわれてはならないのは当然であるが，子どもは将来職業につくのであるから，職を持つことの意味や働くことの意義を教えることはやはり必要であろう。現在は「キャリア教育」という形でこのような教育が行なわれているが，一般陶冶においても職業陶冶的な観点を取り入れる必要があるのである[(8)]。

他方職業陶冶においても単に職業の知識・技術を教えるだけでなく，職業を通して子どもが人間的に成長できるように導く必要があろう。つまり職業陶冶において，人間性育成・道徳性育成という観点を取り入れる必要がある。職業陶冶の中に一般陶冶的な観点を取り入れることが求められる。このように一般陶冶と職業陶冶を統合的・調和的に行なっていくことが求められるのである。

(2) 形式陶冶と実質陶冶

もう一つの二項対立的な概念を取り上げたい。それは「形式陶冶」と「実質陶冶」である。まず形式陶冶から考察しよう。形式陶冶とは，人間の能力の形式的な側面を育て上げることを意味している。「人間の能力の形式的な側面」とは何を意味するのであろうか。その形式的な側面としては，読解力，判断力，表現力，記憶力，推理力，計算力などが挙げられる。

たとえば歴史の学習を考えてみよう。歴史の学習の目的とは何であろうか。形式陶冶の立場から見れば，具体的に過去に起こった事実を学ぶことが目的ではない。歴史の学習を通じて，子どもの「記憶力」を養うことが目的とされる。つまり個々の歴史的事実の内容が重要なのではなく，「記憶力」という子どもの能力の一つを育成するツールとして歴史の教材が使用されなければならないということになる（「一定の材料による一定の能力の練習が全体としての能力の練習であり，したがって，一定の材料で練られた能力は他のいかなる材料にも転移する[9]」，「一定の教材の学習を通して，いわばそれを手段としての形式的・一般的諸能力（記憶力，推理力，思考力）の育成や錬磨を主目的とする[10]」）。一度獲得された能力は，大人になっても喪失することはなく，永続的に活用可能である。

それに対して「実質陶冶」は実質的な知識や技術を教えることを意味する。どれだけ優れた能力を持つ人であっても，社会人として活躍するには具体的な知識や技術を持たなければ自らの仕事をうまく行なうことはできない。「教材の実質的・内容的価値に着目して，具体的・個別的な知識や技能それ自体の習得を主目的とする[11]」。

さてこのように形式陶冶と実質陶冶は相反する概念であるが，それぞれに長所，短所がある。形式陶冶は現在の教育においてもきわめて重要な視座を提供しているが，今述べたように社会で生活していくためには具体的かつ「正確な」知識・技能が求められる。そのため実質陶冶的観点はやはり必要である。他方，実質陶冶の問題点であるが，現在人類が有している知識量は膨大になっており，一人の人間が多くの知識を習得することは不可能となっている。ある程度知識を取捨選択して，子どもに教えることが求められる。取捨選択する際，形式陶冶的観点から子どもに必要な知識のみを選んでいくことになるであろう。また実質陶冶を過度に行なってしまうと「詰め込み」教育となり，子どもが自分から学びたいという意欲を失うことにつながりかねない。そのため実質陶冶のみに偏ることも現実的ではない。

形式陶冶的側面と実質陶冶的側面をうまく調和させ，子どもの持つ基本的能力を育成しつつ，実質的に有用な知識を育成していくことが求められるであろう。

4　教育の場所

次に教育の場所，つまり子どもがどこで教育を受けるのかについて考える。まずは教育がどのような場所で行なわれる活動であるかと問われると，われわれは二つの場所を容易に思い浮かべることができるであろう。一つは「家庭」であり，もう一つは「学校」である。

とりわけここでは「学校」について考えてみたい。そもそもであるが，学校は何のためにあるのであろうか。よく考えれば，6歳ぐらいの小さい子どもが学校に通うことは不思議なことにも思える。まだ遊びたい時期の子どもを，なぜ学校のようなところに通わせなければならないのであろうか。

学校で子どもが学ぶ理由は，おおよそ次の2点にまとめられる(12)。1点目は，「知識を学ぶ」という点である。小学校や中学校等での時間割を思い出してみれば，国語や数学など知識を学ぶ時間が圧倒的に多かったのではなかろうか。学校とは，まずは子どもが将来必要な知識を学習する場所と言える。2点目としては，「人間関係を学ぶところ」という側面が挙げられる。たとえば学校のカリキュラムには「特別活動」という領域がある。特別活動では学級活動や学校行事などが行なわれるが，これらの活動を通して子どもは他の子どもとの人間関係・社会性を身につけていく。学校が学習塾と決定的に異なる点はここにある。学習塾では学力を身につけることだけが課題であるが，学校は学力習得と同時に人間関係を身につけることが大きな目的とされている。

さてこのように学校が重要であることは言うまでもないことであるが，さらに学校を出た後も，社会人となってからも学習する機会が求められる。戦後から現在に至るまで，さまざまな場所で教育を行なう「生涯学習」の視点が求められるようになっている。家庭・学校・社会のそれぞれの場所において，人間が学びを深めることが重要であると言える。

5　教育の主体

最後に教育の主体と客体の問題について考える。誰が教育を行なうのかという問題である。通常教育を行なう主体は「教師」であると考えられる。では教師とはどのような人であろうか。

教師という言葉はさまざまな場面で使用されているが，ここでは学校の教員について取り上げたい。当然ながら教員とは「教育職員」であり，日本であれば教育職員免許法に基づいて，教員免許を有する人である。教育職員免許法第２条では，幼稚園・小学校・中学校・義務教育学校・高等学校・中等教育学校・特別支援学校・幼保認定型こども園における，主幹教諭・指導教諭・教諭・養護教諭・栄養教諭等が教育職員とされている。

さてこのような教員はどのような存在であるのであろうか。教員に対する見方として大きく，「聖職者観」「労働者観」「専門職観」という見方がある[13]。聖職者観とは，戦前の日本に見られた教師観であり，僧侶や牧師・神父が身をなげうって宗教活動に専念するのと同様に，教師は私欲などをいっさい持たず，ひたすら子どもの教育に専念すべきであるという考えである。それに対して「労働者観」は戦後の労働運動の高まりの中で生まれた考えであり，教師も労働者として生活権が保障されなければならないという考えである。それゆえ賃上げ闘争などが積極的に行なわれた。

しかし1960年代になると教師に対する新しい見方として，「専門職観」が現われる。教師とは，医師や弁護士と同様に特別な知識や技術を持つ「専門職」であると考えられるようになった。現在は専門職が一般的な見方と言える。教師固有の知識・技術とは，教科指導力・生徒指導力などが挙げられるが，近年はそれに加えて，「情報活用能力」や「新しい課題に対応できる力量」，「他の教員と連携し，組織的・協働的に解決するチーム力」などが挙げられている[14]。

以上，現在の教師に対する見方をまとめた。教師にはさまざまな力が求められているが，学習指導と生徒指導の二つが重要であるのは言うまでもないであろう。教科を教えるための指導力と児童生徒と関わることのできる人間力の両方を備えていることが求められる。どのような教師に出会うかは，子どものそれ以降の成長に大きな影響を与える。それゆえに教師の果たす役割は重大であると言えよう。

6　現代の教育問題

さて現在の教育の課題は時々刻々と動いている。ここでは以下の４点についてのみ見ていきたい。

(1) 2017, 2018 年度学習指導要領

2017 年に小学校, 中学校学習指導要領が, 2018 年に高等学校学習指導要領が告示された。いずれの校種においても共通して「主体的・対話的で深い学び」,「カリキュラム・マネジメント」,「社会に開かれた教育課程」が重要な概念として登場した。まず「主体的・対話的で深い学び」であるが, これは「主体的な学び」「対話的な学び」「深い学び」に分けられる。学習指導要領解説では次のように述べられる[(15)]。

①学ぶことに興味や関心を持ち, 自己のキャリア形成の方向性と関連付けながら, 見通しを持って粘り強く取り組み, 自己の学習活動を振り返って次につなげる「主体的な学び」が実現できているかという視点。
②子供同士の協働, 教職員や地域の人との対話, 先哲の考え方を手掛かりに考えること等を通じ, 自己の考えを広げ深める「対話的な学び」が実現できているかという視点。
③習得・活用・探究という学びの過程の中で, 各教科等の特質に応じた「見方・考え方」を働かせながら, 知識を相互に関連付けてより深く理解したり, 情報を精査して考えを形成したり, 問題を見いだして解決策を考えたり, 思いや考えを基に創造したりすることに向かう「深い学び」が実現できているかという視点。

①と②はそれぞれ「主体的な学び」と「対話的な学び」について述べられている。これまで「アクティブ・ラーニング」という名称で行なわれていた教育活動も, ここで述べられているように子ども同士が話し合い, そして子ども一人ひとりが意欲的に学べるような教育活動を目指してきた。さらに③の「深い学び」によって, 各教科に固有の知識体系を習得することが目指されている。各教科には固有の「見方・考え方」があり, その「見方・考え方」を「習得・活用・探究」によって学ぶことが求められる。つまり体験的な学びと同時に, 系統的な学びを行なうことが企図されていると言えよう。

次の「カリキュラム・マネジメント」であるが, 各学校が自校のカリキュ

ラムを組織的に改善していくことによって，より良い教育を行なうことである。次の３点が肝要とされている[16]。

・児童や学校，地域の実態を適切に把握し，教育の目的や目標の実現に必要な教育の内容等を教科横断的な視点で組み立てていくこと。
・教育課程の実施状況を評価してその改善を図っていくこと。
・教育課程の実施に必要な人的又は物的な体制を確保するとともにその改善を図っていくこと。

「社会に開かれた教育課程」については，子どもたちの資質・能力を学校だけで育成するのではなく，社会と連携して育んでいくこととされている。具体的には次のように述べられている[17]。

①社会や世界の状況を幅広く視野に入れ，よりよい学校教育を通じてよりよい社会を創るという目標を持ち，教育課程を介してその目標を社会と共有していくこと。
②これからの社会を創り出していく子供たちが，社会や世界に向き合い関わり合い，自分の人生を切り拓いていくために求められる資質・能力とは何かを，教育課程において明確化し育んでいくこと。
③教育課程の実施に当たって，地域の人的・物的資源を活用したり，放課後や土曜日等を活用した社会教育との連携を図ったりし，学校教育を学校内に閉じずに，その目指すところを社会と共有・連携しながら実現させること。

学校教育だけでは担いきれない業務を地域社会に分担してもらうと同時に，社会のニーズに応じて学校の教育課程を柔軟に変化させることが求められる。これからの教育目的は単に学校教育の視点から作られるのではなく，社会的な視点とも共有していくものでなければならないと言えよう。

(2) 働き方改革

2019年，中央教育審議会（中教審）から「新しい時代の教育に向けた持続可能な学校指導・運営体制の構築のための学校における働き方改革に関する総合的な方策について（答申）」が出された[18]。これまで学校教員の多忙さは指摘されてきたが，とりわけ近年教員の疲弊が大きな問題となっている。そのため教員の業務を適切なものにすることが求められている。スクールカウンセラー，スクールソーシャルワーカー，スクールロイヤー，部活動指導員を配置する等の体制づくりによって，教員が教育活動に専念できる環境を作ることが企図されている。中教審の答申では**表1**のような案が示されている。

(3) GIGAスクール構想

2020年に世界的に広まった新型コロナウイルス感染症は，学校教育に大きな変化をもたらした。同時にこれまでの学校教育の意義を改めて見直すきっかけにもなった。すでに2019年12月に文部科学省はGIGAスクール構想を打ち出し，子ども一人ずつデジタル端末を使用可能とし，大容量の通信ネットワークを整備することを計画していた。また同時にデジタル教科書を制作し，学校教育の情報化を図っている[19]。

(4)「令和の日本型学校教育の構築を目指して」

2021年1月中央教育審議会は「令和の日本型学校教育の構築を目指して～全ての子供たちの可能性を引き出す，個別最適な学びと，協働的な学びの実現～（答申[20]）」を出した。来るべきSociety5.0時代や新型コロナウイルス感染症によって学校教育の情報化が喫緊の課題となったが，同時に従来の学校教育のあり方の良さを見直す大きなきっかけともなった。情報化は確かに重要ではあるが，教師と児童生徒とが対面で授業することの重要性が改めて確認された。日本独自の教育は「日本型学校教育」と名づけられ，これまでの教育実践とICT教育を適切に組み合わせることが求められている。

その上で次のような内容が教育の目的として重視されている。「①学習機会と学力の保障，②社会の形成者としての全人的な発達・成長の保障，③安全安心な居場所・セーフティネットとしての身体的，精神的な健康の保障」，

表1　学校・教師が担ってきた業務の整理

基本的には学校以外が担うべき業務	学校の業務だが，必ずしも教師が担う必要のない業務	教師の業務だが，負担軽減が可能な業務
①登下校に関する対応 ②放課後から夜間などにおける見回り，児童生徒が補導された時の対応 ③学校徴収金の徴収・管理 ④地域ボランティアとの連絡調整 （※その業務の内容に応じて，地方公共団体や教育委員会，保護者，地域学校協働活動推進員や地域ボランティア等が担うべき。）	⑤調査・統計等への回答等（事務職員等） ⑥児童生徒の休み時間における対応（輪番，地域ボランティア等） ⑦校内清掃（輪番，地域ボランティア等） ⑧部活動（部活動指導員等） （※部活動の設置・運営は法令上の業務ではないが，ほとんどの中学・高校で設置。多くの教師が顧問を担わざるを得ない実態。）	⑨給食時の対応（学級担任と栄養教諭等との連携等） ⑩授業準備（補助的業務へのサポートスタッフの参画等） ⑪学校評価や成績処理（補助的業務へのサポートスタッフの参画等） ⑫学校行事の準備・運営（事務職員等との連携，一部外部委託等） ⑬進路指導（事務職員や外部人材との連携・協力等） ⑭支援が必要な児童生徒・家庭への対応（専門スタッフとの連携・協力等）

（出所）「新しい時代の教育に向けた持続可能な学校指導・運営体制の構築のための学校における働き方改革に関する総合的な方策について（答申）」

である。ICT 教育は非常に重要なツールであるが，子どもの学びが孤立しないように，子ども同士が学び合う「協働的な学び」の機会を提供する必要がある。

このように時代に応じて教育の理想像は絶えず変化しているが，われわれは時代に柔軟に対応できる力が求められる。同時に，時代を経ても変わらない姿勢，つまり教育に対する情熱や教育愛を持っていることもよりいっそう必要となるであろう。

第2章　教育思想 I

1　ソクラテス（Sōkratēs）

〈生涯〉　ソクラテスは前470/469年にギリシアのポリス（都市国家）の一つ，アテナイで，石工ソプロニスコスと産婆パイナレテの子として生まれた。ソクラテスは40歳頃から，人間の探求へと情熱を傾けるようになった。アテナイの街頭や体育場などで対話の相手をつかまえては，道徳や倫理の問題について討論を行なった。その後も街頭で若者に対して，当時の政治や道徳を批判するなど啓蒙活動を行なう。ソクラテスの周りには，プラトンらの若者が次第に集まった。この結果，彼の活動を苦々しく思っていたアテナイ人から，前399年に堕落罪・不敬罪でソクラテスは告訴された。法廷で自分の意見をあまりに無遠慮に語ったため，裁判官の印象を害した。結果的にソクラテスは，死刑判決を受けるに至るのだが，刑の執行までに一か月あり，国外亡命も可能であった。友人たちは脱獄を勧めたが，ソクラテスは拒否し，死刑を受け入れた。

(1) 魂への配慮

まずソクラテスが当時アテナイの街で活躍していたソフィストを批判したことから論を始めよう。ソフィストとは，青年たちに知識や弁論術を教えていた職業教師たちのことであるのだが，その代表的人物として，プロタゴラスやゴルギアスらが知られている。ソフィストの主張として，特に有名なのがプロタゴラスの「あらゆるものの尺度であるのは人間だ。あるものについては，あるということの，あらぬものについては，あらぬということの[(1)]」という考えである。この考えを推し進めると，あらゆることがらの基準を個々の人間の価値観・判断・感情に依拠して考える，つまり価値相対主義的倫理観を認容することになる。その結果すべての人に通用する真理は存在しないこととなり，個人個人によって善悪が異なってもかまわないことになる。

「個々の人の考えがそれに従わねばならないような不変の実在とか宗教とか道徳とかの絶対的な基準は存在しないのである[(2)]」。このように，個人の主観的判断がそのまま正義として主張されかねず，その結果社会全体が相対主義的状態に陥ってしまう。現にソフィスト達が活躍したアテナイでは，巧みな弁論術でもって自分にとって都合のいい理屈を他人に押し付けることが横行し，ギリシア社会が道徳的・倫理的に混乱に陥った。このような風潮の中でソフィストたちは，道徳は社会的強者の言いなりになるものであるという，きわめて非道徳的な考えを打ち出すに至る。「私は主張する，〈正しいこと〉とは，強い者の利益にほかならないと[(3)]」。

ソクラテスはこのようなソフィストの相対主義を痛烈に批判する。そもそも善悪が個人個人でバラバラであって良いはずはない。われわれはすべての人に妥当する共通の価値観を探求せねばならない。「俗見のもつ純然たる個人主義的基礎に反対して，ソクラテスは，知識は普遍的な妥当性をもつと主張した。……単なる俗見によってではなくて，普遍妥当の観念によって行為を導くとき，人は初めて有徳な人生を送ることができる[(4)]」。つまりソクラテスが探求するのは，知の普遍妥当性なのである。そのためにソクラテスはまず，魂への配慮を説く。人間はただ生きることを望むのではなく，善く生きることを望む。人間各人は自分の魂をできるだけ善くし，一人ひとりの内面性を磨かねばならない。「ソクラテスは，われわれの知る限り，魂を知的・倫理的人格として，つまりことの正否をわきまえ，責任をもって行為する主体と捉える，明確で一貫した魂についての考え方をしたおそらく最初のヨーロッパ人だったのである[(5)]」。つまりソクラテスは，人間の道徳的自覚を促しているのである。しかしながらわれわれは自分の魂を放置すれば，道徳ではなく，富や肉体的なもの，世俗的名誉などを求めたがる。われわれはそのような外的評価に惑わされずに，善く生きるよう常に努めなければならない。魂への配慮とは，そのような富や名誉に向かいがちな魂を，「善き生」へと向けかえることを意味している。「魂こそ人間の特質を作り上げるものであり，人間を善き人間にするか悪しき人間にするかの分かれ目は魂の善さ悪さなのである[6]」。魂への配慮とは，人間一人ひとりが理性的・合理的に行為できるように自らを教育することを意味している。

(2) 無知の知

ソフィストは自分たちを知者と公言していた。しかしソクラテスから見れば，ソフィストは知っているように思い込んだり，知っているふりをしているだけにすぎない。そもそも人間の能力は限られた有限的なものである。ただ神々だけが知者である。ソフィストたちは知っていると思い込んでいるにすぎない。知に関して，人は謙虚であらねばならない。

ところでそもそも何故ソクラテスは無知の知を重視するのであろうか。それについて次のような逸話がある。ソクラテスの友人カレイポンがデルポイのアポロン神殿に参詣し，「ソクラテス以上の賢人はいるだろうか」という伺いを立てた。これに対して「ソクラテス以上の賢人はギリシアにおいて一人もいない」という神託が下る。日頃自分は無知であると考えていたソクラテスはこの神託に大いに当惑した。この当惑を解くために，彼は当時世間から賢人と言われていた政治家・詩人・手工者などを訪ね討論した。討論の結果，賢人と言われていた人びとは一見知者に見えるが，実はそうではなく真の知を持ち合わせていないことがわかった。それに対して，ソクラテスは自分の知らないことに関しては自分の無知を自覚している。「わたしは，知らないから，そのとおりに，また知らないと思っている。だから，つまりこのちょっとしたことで，わたしのほうが知恵のあることになるらしい。つまりわたしは，知らないことは，知らないと思う，ただそれだけのことで，まさっているらしいのです[7]」。彼は自分の無知をわきまえている点で，他の人々よりも優れている。「自分は彼らの誰よりも本当に賢い，なぜなら自分は少なくとも自分が何も知らないということを知っているのに，彼らは自分たちの無知についてさえも無知だからだ[8]」。ソクラテスは自分の知らないことに対しては知っているふりをせず，自分の知の限界をわきまえている。彼はわからないことはわからないこととして，自己の無知を知っている。これがすなわち，「無知の知」なのである。しかも彼は無知を自覚するのと同時に，真の知への探究を怠らなかった。この真の知に対する欲求こそが，「哲学」（ピロソピア＝愛知）である。

(3) 真の知へ

ソクラテスによれば，誰も悪いことをしようと思って悪事をなす人はいない。人間が悪事や誤った行為をするのは，何が善で何が悪かを知らないからである。それゆえ人間は善が何であるのかを知らねばならない。人は真の知を知っていれば，魂は善く保たれ正しい行為を自然に行なうであろうというわけである（知行合一）。「それが自分にとって悪であり有害であることをほんとうに知っているまさにそのゆえに悪行を働くのだという者は誰もいない[9]」。すなわちソクラテスの言う真の知とは，単なる理論的知識・技術的知識・専門的知識ではなく，実践的知識を意味している。

ではソクラテスの言う真の知とは何であるのか。たとえば医学の知識を有する人（医者）は，人を治すことに知識を使用可能であるが，逆に人を殺すこともできる。建築の知識を有する人（大工）は，家を建てるのに知識を使用可能であるが，逆に破壊することもできる。政治の知識を有する人（政治家）は，政治を善くすることに知識を使用可能であるが，逆に私腹を肥やすこともできる。すなわち，単に専門的知識を持っているだけでは，その人が善い人であるとは言えない。それゆえ専門的知識を含めたあらゆる人間的行為を正しく導く高次の知識が必要となる。それが「善の知識」である。「ソフィストの教え得るのはたかだか或る種の専門であり，人々が一般に為し得ない或ることを如何にして為すかということである。しかるに徳或いは善は制限された領域を有する専門ではない，その範囲は人間的行為の全領域である。……ソフィストは専門化の知識を与え得るに過ぎない，彼等の与え得ないのは「善の知識」である，この知識はその使用から善いことが生じて悪いことが生じないようにするであろう[10]」。つまり「善の知識」とは，善悪を的確に判断し，われわれの行為を正しく導く知識のことと言える。善の知識を持っている人こそが，徳を備えた人ということになる。このような真の知を求めるのは人間の本来的欲求である。

(4) 対　話

ソクラテスは真の知を獲得するために，他人とともに研究することが重要と考えた。つまり対話することが知への道であり，またもっとも有効な教育方法でもあると考えた。ソクラテスの対話術は，一般に産婆術（助産術）と呼ばれている。産婆術とは何を意味するのか。それはすなわち，産婆が妊婦が子を産むのを手助けするのと同様に，教師の役割は学習者自身が真の知を産み出すのを手助けすることにほかならないということである。知の創造を出産にたとえて，学習者は知の生産者，教師は産婆役に位置づけられている。そもそもすべての人は生まれながら道徳的に善悪を判断する能力を有しているのだが，ソクラテスの産婆術はこの能力を一人ひとりが自分で伸ばすように，教師が手助けすることを企図している。

この対話の概要は以下のとおりである。まず相手に徳に関する質問をして，相手の意見を聞く。そして相手の立場を否定せず，いったん相手の意見・立場を認めて，その立場からさまざまなことを説明させる。繰り返し説明させるうちに，相手の意見に矛盾があることを次第に明るみに出す。相手の立場に誤りがあることを認めさせ，その無知を自覚させる。これは「陣痛」の段階に相当する。「彼は，相手に自己の意見の説明を与えさせ，遂に相手をして自己の無知を告白させるように彼の談話を仕組んでいった[(11)]」。「彼は相手から意見を引き出し，それに説明を与えさせつつそれを吟味し，それを論破しつつその無知を告白させる[(12)]」。その上で混乱に陥った対話の相手は真の知を求めたがる。そこで教師は真の知を対話者自身が生み出すように対話をリードする。これが「助産」の段階に相当する（厳密に言えば「陣痛」までの過程は「反語法」あるいは「ソクラテスの皮肉」(Socratic irony）と呼ばれ，次の「助産」の過程のみが「産婆術」と呼ばれる）。

最後にソクラテス的対話の教育学的意義を述べておこう。われわれの道徳的知識は教師が外面的に教えて学習者の身につくものでは決してない。「彼にとっては知識はそれを所有する者からそれを所有しない者へ手渡しされる商品の如きものでなく，人々が彼等のうちに既に有する或る物である[13]」。「ソクラテスは，……決してある出来上がった知識を青少年の心の中に注入するのではない。あくまで自分もまた無知者として臆見にくらまされている青少年と協力して真理を追求し，青少年自身の力で真理を発見せしめるという態度をとるのである[14]」。学習者が自分自身で努力して，自己の内にある才能を伸ばすように手助けするのが教師の役割である。「ソクラテス自身の仕事は人々の魂が産みの苦しみをしている時にそれに付き添って，それが幻想或いは虚偽に属する或る物でなく純粋で真実な或る物を産むように助けることにある[15]」。重要なことは，学習者が自分自身で思考し判断し行動する能力を身につけることである。すでにできあがった知識を無批判的に受け入れるのではなく，自分自身で真理を探究する態度を育成する。教育とは，適切な質問を行なうことによって，学習者が自分自身で知を生み出すようきっかけを与えることである。教育は単なる知識の賦与ではなく，学習者自身の思考の発展を目指すものである。教師にできることは，学習者が自分自身で善の知に振り向くように手助けすることにすぎないのである。

2　プラトン（Platōn）

〈生涯〉 前427年アテナイで生まれる。父アリストン，母ペリクティオネはともに名門出身で，特に母の祖先には七賢人（民主制の祖）の一人ソロンがいる。プラトンは将来政治家になるべき有望な若者であったが，哲学者の道を志した。その原因の一つは「三十人政権」の崩壊であり，もう一つはソクラテスとの出会いと彼の処刑であった。プラトンはソクラテスに師事したのだが，復活した民主制がソクラテスを刑死に追い込むのを見て政治家への道を断念する。その後エジプトやメガラを旅行しつつ膨大な対話編を著述する。帰国後アテナイ北西に学園アカデメイアを建設，研究と教育に専念する(前387年)。前367年に第2回シチリア旅行を，前361年に第3回シチリア旅行を敢行，シチリアの政治改革を試みるが失敗。帰国後前347年没。

(1) 魂の三分説

プラトンの大著『国家』は確かに題名が示すとおり国家について述べた書物ではあるが，同時に哲学・教育学の古典としても非常に貴重な書物である。本節では主に『国家』において述べられているプラトンの人間観・教育観について考察する。

さてプラトンによれば人間の魂は三つに分けられる[16]。すなわち①理知的部分，②気概の部分，③欲望的部分である。まず彼は第一の理知的部分を「魂がそれによって理を知るところのもの」(439D) と定義し，第三の欲望的部分を「魂がそれによって恋し，飢え，渇き，その他もろもろの欲望を感じて興奮するところのもの」(439D) と定義している。たとえば喉が渇いた時のことを考えると，何かを飲もうとする，つまり「ただもっぱら飲むことに憧れ，そのことに向かって突進する」ことは欲望的部分に相当する (439 参照)。一方，「飲むことを命じるものを制圧している」部分，つまり飲むのを辛抱する部分が理知的部分であり，これは「理を知るはたらきから生じてくる」(439C) ものである。

このように魂には理知的に考量する部位と，感情的・衝動的に行動する部位とがあるが，このほかにもう一つ，気概の部分が存在する。プラトンは気概の部分を「われわれがそれによって憤慨するところのもの」(439E) と定義している。たとえば気概を有する人は不正に対して，憤慨し心を奮い立たせて戦おうとする。したがって気概の部分は理知的部分を助ける役割を有する(「魂の中で起る紛争にあたって，むしろはるかに「理知的部分」に味方して武器を取るものだ[17]」)。

プラトンはこの三つの部分はそれぞれ異なった「徳」(アレテー) を有しているとする。まず理知的部分の役割を十全に果たす人は「知恵」(ソピア) の徳を有する。「〈理知的部分〉にはこの部分は知恵があって魂全体のために配慮するという仕事が本来ふさわしく」(441E) なるように役割が決められている。つまり理知的部分は人間の活動全体を見渡し理性的に行動するように配慮するのである。第二の気概の部分の徳は「勇気」(アンドレイア) である。第三の欲望的部分に求められる徳は「節制」(ソープロシュネー) である。欲望は肉体的な快楽を満たそうとするが，理知と気概は欲望が暴走しないようにコントロールしなければならない。「〈節制〉とは思うに，一種の秩序のことであり，さまざまの快楽や欲望を制御することだろう」(430E)。節制の徳を有している人は，「おのれに克つ」ことのできる人である。「その人の内なる魂には，すぐれた部分と劣った部分とがあって，すぐれた本性をもつものが劣ったものを制御している場合には，そのことを「おのれに克つ」と言っているのである」(431A-B)。

このような三つの徳（知恵・勇気・節制）を備えている人物こそが理想的人間であるのだが，この魂の各部位が自らの役割をまっとうし人間として調和を保持することは「正義」と名づけられる。当然ながら「正義」とは「正しいことをすること」(444D) にほかならないのだが，プラトンの言う正義とは「魂のなかの諸部分を，自然本来のあり方に従って互いに統御し統御されるような状態に落着かせること」(444D) である。つまり正義とは魂の各部分が自らの役割を果たし全体的調和を保つことであるが，アームストロングも指摘するように「正義」は「節制」と非常に類似している[(18)]。

この知恵・勇気・節制・正義は四元徳と呼ばれるのだが，個人の正義は「真に自分に固有の事を整え，自分で自分を支配し，秩序づけ，自己自身と親しい友となり，三つあるそれらの部分を，いわばちょうど音階の調和を形作る高音・低音・中音の三つの音のように調和させ，さらに，もしそれらの間に別の何か中間的なものがあればそのすべてを結び合わせ，多くのものであることをやめて節制と調和を堅持した完全な意味での一人の人間」(443D-E) になることである。

(2) 全人的発達

既述のように魂の調和を保つことが肝要なのであるが，われわれはここからプラトンの教育論の意義を読み取ることができる。プラトンは音楽・文芸教育と体育教育とを特に重視するのであるが，その理由は魂の理知的部分の涵養（かんよう）のためには音楽・文芸が大きく寄与し，気概の部分の涵養のためには体育が大きく寄与することにある（「教育のあり方としては，身体のためには体育が，魂のためには音楽・文芸があるはず」(376E)）。体育教育の重要性に関しては身体の強さを鍛えることもその目的ではあるが，それ以上に「自分の素質のなかにある気概的な要素に目を向け，それを目覚めさせるため」(410B) というのが最大の目的である。しかしただ体育教育のみを行なうだけならば，その子は粗暴で頑固な子になるかもしれない。したがって体育にのみ偏るべきではない。そこで子どもに温和さを身につけさせるために，音楽・文芸が求められる。プラトン哲学においては人間の精神的調和のためには音楽・文芸教育を欠かすことはできないとされる。「なぜならば，リズムと調べというものは何にもまして魂の内奥へと深くしみこんで行き，何にもまして力づよく魂をつかむものなのであって，人が正しく育てられる場合には，気品ある優美さをもたらしてその人を気品ある人間に形づくり，そうでない場合には反対の人間にするのだから」(401D-E)。要するにプラトン哲学においては音楽的教養を積むことは，調和のとれた善き人間へ至る道程にほかならず，美育は徳育とほぼイコールであったと言えよう。子どもの時から美しいものを愛好し，醜いものを憎むように，計画性をもって教育活動が行なわれねばならないのだが，そのためにもプラトンは国家による文芸の管理を主張する (377 以下参照)。なぜならたとえば神々が偽りを言ってだましたり変身したりする話は，若い人びとの教育のためにはふさわしくないからだ。このような題材は子どもに，神に対する正しい敬いの心を喪失させる。今日的に見れば多くの人が国家の教育への管理に拒否感を持つであろう。それに対してアームストロングは若者の「道徳的生活における高尚な感情の決定的な重要性」を真摯に考えるならば，「このプラトンの提言に本気で異議をさしはさむことができるとは考えられないのである[19]」と述べている。

またプラトンが美育・体育の重要性を力説していることは，現代の教育においても着目されてよいであろう。すなわち現在の学校教育では知・徳・体のバランスある人間性（どれか一つに極度に偏ることのない人間性）を育むことが求められているが，プラトンの主張する音楽・文芸教育と体育教育もバランスある人間性を涵養するという点で軌を一にしていると言えよう。かつて教育学者小原国芳は『全人教育論』の中で，教育を心育と身育とに分け，真善美聖富健のすべてにわたって教育をすることの重要性を説いた。人間の全人的な発達を説いたという点で，われわれはプラトン哲学を全人教育の一源流とみなしてもよいであろう。

(3) イデア論

プラトンは理想国家の統治形態として哲人王政治を主張しているのだが，彼は真の哲学者を「真実を観ることを愛する人たち」(473C-D) と定義している。では「真実を観る」とは何を意味しているのか。プラトンによれば，それは真にあるものを知ることにほかならない。たとえば日常生活においてわれわれは美しい声を聞いたり，美しい色を見たりするのだが，「美」そのものを反省することはきわめて稀である。言い換えれば，現象的な美を五感で楽しむことができることと，「美」それ自体の認識とは別であるのだが，哲学的には後者のほうが重要性を有する。なぜなら現象的な美は時間的経過とともに変化するのに対して，美そのものは決して生成消滅することのない恒常的なものであるからだ。それゆえ真にあるものを認識している人は「知識」を有する人であり，現象的な存在，すなわちあるものしか認められない人は「無知」である (476-477)。哲学者は現象的変化に惑わされずに，恒常的不変化的に存在する事物の本質をみてとらねばならない。「哲学者とは，つねに恒常不変のあり方を保つものに触れることのできる人々のことであり，他方，そうすることができずに，さまざまに変転する雑多な事物のなかにさまよう人々は哲学者ではない」(484B)。つまりプラトンは現象的世界を感覚的に知覚するだけでは不十分と考え，知性的に永遠恒常の世界を認識することこそが哲学者の使命であると考えたのである。この恒常不変性は「実相」(エイドス) もしくは「イデア」と呼ばれる。そしてこの「イデア論」こそプラトン哲学の核心を構成している。

またプラトンは「正義」よりも重要なものがあるとする。それが「善のイデア」である。「善の実相がつけ加わってはじめて，正しい事柄もその他の事柄も，有用・有益なものとなるのだ」(505A)。プラトンは善のイデアを太陽に類比させて説明する。太陽が可視的世界において明るく照らすことによってわれわれの視界を明瞭にするのと同様に，善のイデアはわれわれの知識と真理を明瞭ならしめる。すなわち善のイデアは認識対象に真理を，認識主体に認識機能を与える。太陽と善のイデアとが異なるのは，太陽が視覚の領域にすぎないのに対して，イデアが思惟の領域である点にある。「いったんこれ〔善のイデア――引用者注〕が見てとられたならば，この〈善〉の実相こそはあらゆるものにとって，すべて正しく美しいものを生み出す原因であるという結論へ，考えが至らなければならない」(517C)。

(4) 哲人王の教育課程

プラトンはこのようなイデアを認識できる者，つまり哲学者の大衆に対する優位を説くとともに，哲学者育成のための詳細な教育課程を呈示している。プラトンはソクラテスと同様に注入主義的な教育を否定し，一人ひとりの人間の魂に内在する機能を発揮させることを真の教育としている。しかしプラトンは，ソクラテス的対話では「引き出す」と表現されるのとは異なり，教育を「向け変えの技術」(518D) と述べている。そしてそれは眼と光を比喩として説明されている。暗闇から光の世界へと向けかえることによって眼は物の姿を見ることができるようになるのと同様に，教育とは視界を生成消滅する世界からイデア界（恒常不変の実相）へと向けかえる営みにほかならない。視力は眼の中に植えつけられており外から注入されるものでは決してないのと同様に，真の存在を認識する力はあらかじめ生まれながらに人間に備わっている。「神的な器官〔知性〕は，自分の力をいついかなるときにもけっして失うことはないけれども，ただ向け変えのいかんによって，有用・有益なものとなるし，逆に無益・有害なものともなるのだ」(518E-519A)。哲学者たるべき素質を有する者に対しては，然るべき教育課程を課す必要がある (521-540)。20 歳までの若者は音楽・文芸教育と体育教育が課せられる。20 歳に達した若者の中から特に優れたものを選び出し，算数・幾何・天文・音楽の各学科を教授する。これらの学科はいずれも思惟・知性を育てるのに有益であり，魂を生成界からイデア界へ向けかえるのを助けてくれる。30 歳から 35 歳の者には哲学的問答法（ディアレクティケー）の学習が課せられる。プラトンによれば哲学的問答法こそもっとも重要な学問である。哲学的問答法を身につけた者は感覚に依存せずに，ただロゴスの力でのみイデアの世界について思惟できる。そして 35 歳から 50 歳の者には実際の業務に従事させる。さらに 50 歳となり哲学と実務の両方において優秀な者は，国家の指導者の任にあたらなければならない。哲学者はただ自分一人が善のイデアを観ることができることに充足すべきではなく，大衆をして可能な限り理知的生活を営むよう指導しなければならない。現代の我々から見れば，このようなプラトンの教育観はエリート主義的であり容易に受け入れることは難しいかもしれない。以上がプラトン哲学における理想的人間観であり，教育観である。

3　アリストテレス（Aristotelēs）

〈生涯〉 前 384 年マケドニアのスタゲイラで宮廷医の子として生まれる。17 歳の時ギリシア・アテナイへ行き，プラトンの学園・アカデメイアに入学。20 年間留まり，研究生活を続ける。前 343 年マケドニア王フィリッポス 2 世の招きに応じ，前 340 年まで王子アレクサンドロス（後に大王）の家庭教師を務める。前 338 年マケドニアがアテナイ軍を撃破し，全ギリシア（アテナイ・スパルタ・テーベ等）を支配するが，アリストテレスは前 335 年にアテナイに戻り学園リュケイオンを設立する。この学園はアカデメイアと対立関係にあった。しかし前 323 年にアレクサンドロス大王が亡くなると，アテナイで反マケドニア運動が起こり，アレクサンドロスの家庭教師だったアリストテレスも国家不敬罪で告訴される。アリストテレスは亡命するが，翌前 322 年に死去。著作は『自然学』『形而上学』『ニコマコス倫理学』『政治学』など多数ある。

(1) 形而上学

アリストテレスは，プラトンのイデア論に反対し，独自の形而上学（Metaphysics）を主張する。個々の現実を超えたイデアが実在するかどうか不明であると，アリストテレスは考える。「或る事物の実体がこの当の事物から離れて存在しているということはありえない[20]」。むしろ逆に現実に存在する個々のものを重視する，現実主義的な視点が取られる。アリストテレスは形ある自然を成り立たせるのは形のないものであるとするものの，それをあくまでも現実世界から出発して考察しようとする。なぜなら現実世界を超越したイデア界からは，どうしても現実世界では説明できない現象があるからである。それは「運動」である。プラトンの考えたイデア論は静的な世界を説明するには適しているが，現実世界の動的な現象を説明することはできない。「アリストテレスは，プラトンの思想からじりじりと離れて行き，われわれの直接経験によって明らかになる感覚的知覚の対象となる具体的個物の世界へと強力な関心を移して行く[21]」。

アリストテレスは，実体（ものの成り立ち）をプラトンのように現実を離れた世界を仮定して考えるのではなく，具体的な現実世界の中で考える。個物としての実体は，形相と質料から成立しているとされる。形相（エイドス）とは，現実の個物（もの）をいま有るとおりにしている本質であり，質料（ヒュレー）とは現実のものを作っている材料を意味している。たとえば机を考えるとすると，机の質料は木，形相は机の形（設計図）が意味されている。つまり形相とは，プラトンのイデアのように現実世界を超えた普遍性ではなく，現実の個物に内在する本質である。「形相は本来それにそなわった内的な構造であり，そのものの「まさしくそのものたるゆえん」であり，これに対して質料はある特定の形相を受け入れることによって当分の間現実にあのものもしくはこのものとされる可能性にすぎない[22]」。

さらに実体の変化についても，アリストテレスは可能的存在（デュナミス）と現実的存在（エネルゲイア）の概念によって整合的に説明する。現実の個物は絶えず変化し続けるが，どうしてそれが常に同じ個物であると言えるのであろうか。たとえばドングリを考えてみると，ドングリの種子は樹木に成長し外見はまったく異なるにもかかわらず，個物としては同一である。アリストテレスは種子を可能的存在，樹木を現実的存在とみなす。種子という可能的存在は，将来樹木という形相を実現すべく内包している質料であると思惟される。さてこの可能的存在と現実的存在の理論は，人間の成長の理論にも大きく寄与するように思われる。アリストテレスは，可能的存在から現実的存在への運動について，植物のように自然となされるものと，理性的思惟によるものとに区別している。非理性的なものは必然的な結果しかもたらさないが，理性的な方向づけはさまざまな結果を生じさせる[23]。ここにわれわれは人間の教育について見ることもできる。

(2) 倫理学と教育

さてアリストテレスは，人間が身につけるべき徳には2種類あるとする。一つは知性的徳であり，知恵・技術・学問などを身につける徳である。もう一つは倫理的徳であり，正義・節制・勇気などを意味している。倫理的徳は，「決して本性的に，おのずからわれわれのうちに生じてくるものではない」[(24)]。これは，正しい行為の繰り返しによって習慣づけられる徳であり，習慣的徳（エートス的徳）とも呼ばれる。それゆえ倫理的徳を習慣づけるように教育されなければならない。倫理は教育によって可能となる。道徳的に善い行為をするように幼少の頃から教育することによって，習慣として自発的に正しい行為を行なうようになる。倫理的徳の理想的状態は，過度と不足の両方を避ける中庸（メソテース）であるとされる。ただし中庸とは単なる真ん中ではなく，時と状況に応じて判断されるべき徳である。

(3) 教育課程

ではアリストテレスは，具体的にどのような教育課程を想定していたのであろうか。『政治学』は理想国家について述べた書であるが，その終末部において国家構築の基礎として教育計画が述べられている。アリストテレスは「読み書き」「体操」「音楽」「図画」を教えるべき課程としている。このうち「読み書き」と「図画」は，子どもの将来の社会生活にとって有用なものである。体操は子どもに勇気を育てるために効果的であるが，過度の体育教育は粗暴さにつながるので適度さを保たねばならない。さて，では音楽教育の目的はどこにあるのか。音楽は一般に「快楽」のために存すると考えられ，有用性とは無縁とされる。しかしアリストテレスは音楽教育の目的を，自由人育成のため，あるいは真の教養人を育てるためにあると考える。「音楽も，先人たちがそれを教育の一つとして定めたのは，生活に必要なものとしてではない。……彼らはそれを自由人にふさわしい高尚な楽しみと考え……ている」[(25)]。さらに音楽教育には，倫理的な側面も存する。音楽は魂の調和をもたらす。音階法（＝ハルモニア）や律動は人間の魂に大きな影響を与える。たとえば落ち着いた音楽，物悲しい音楽，熱狂的な音楽を聴くと，人間の魂は音楽と同じような心情になる。アリストテレスは，落ち着いた雰囲気の音楽（ドリス様式音階法）を音楽教育に用いることによって，子どもの魂を倫理的にできると主張する。プラトンが文芸の管理を主張したのと同様に，教える音楽は取捨選択されるべきとしている。このようにアリストテレスは音楽教育によって，単なる有用性にとらわれない真の自由人を育てうると考えている。

4　コメニウス（Johann Amos Comenius）

〈生涯〉 1592年3月27日，チェコ・モラヴィアで生まれる。1616年ボヘミア同胞教団の牧師になるが，1618年ボヘミアで反ハプスブルク反乱が勃発。1621年居住していたフルネックの町が戦火にあい，妻と子を失う。1625年ポーランドのリッサへ亡命。首都リッサのギムナジウム教師となる。1642年スウェーデンに滞在。スウェーデン政府から学校教育改革を委託される。1650年から1654年の間ハンガリーに滞在し，新しい学校設立のための改革を行なう。1656年，オランダ・アムステルダムへ移住。著作活動に専念する。1670年11月15日没。著作は『大教授学』『世界図絵』など。

(1) 教育の目的

コメニウスはキリスト教的世界観から教育目的を導出している。まず彼は「教育は実に万人に対して必要なものである」(78頁)[26]と述べている。そもそも人間は神に似せられて造られた，あらゆる被造物の中で最高の存在である。他の動物とは異なり，人間には神性が分有されている。「神は厳かなるおもんぱかりをもって，人間の肉体をば，いわば神自身の指で，神の姿になぞらえて作り，しかもその肉体の中に，神自身の魂を吹きこんだのである」(42頁)。それゆえコメニウスは人間が現世の生活に充足するのではなく，死後のためを考えて現世を送らなければならないとする。「キリストは，ここに永く留まるためにこの地上を訪れたのではなくて，任務が終れば去って永遠の世界に帰るために訪れたのであった。故にキリストの伴侶たる我々もまたこの世界を住家としないで，ここを立ち去らねばならないのである」(46頁)。すなわち「現生はただ永遠に対する準備に外ならない」(48頁)。そしてコメニウスはこの死後の生に対する人間の課題を三つ挙げている。第一は「あらゆるものを知ること」すなわち「博識」，第二は「あらゆるものを支配し，自己自身を支配する力を与えられていること」すなわち「道徳」，第三は「彼自身並びにあらゆるものを，万物の根源たる神に関係せしめること」すなわち「宗教・敬虔」である（54頁）。コメニウスは人間が自然本性上この3要素を発展させる素質を有していると考える。しかし無為にして人間がこの3要素を身につけることはできない。「もしも人が真の人間となるべきであるならば，彼は教育されねばならない」（73頁）。祈祷や学習によって知識を獲得し，道徳的な人間性を育み，宗教的な信仰心を身につけるように教育されることが，われわれ人間に求められている。

(2) 教 授 学

コメニウスはすべての青少年の教育のために，すべての子どもが学校へ通うことの必要性を説いている。つまり貧富の別，男女の別，身分の別なくすべての子どもに学校教育が与えられねばならない。先述のようにコメニウスは人間を万物の霊長として位置づけているので，万人に知恵と道徳と敬虔とを有するように教育するよう求めている。そのためにコメニウスは，すべての人が学習可能な教授学の確立を訴える。

まず「人間の教育は，人生の春，即ち少年時代に於て発足しなければならない」（153頁）。また教育の順序は，子どもが受容可能なように段階的に為されなければならない。「総べての学習は，様々の学級に分って入念に段階づけ，最初に来るものが次に来るものへの通路を開き，且つこれを照らすように配列せられねばならない」（166頁）。このように一歩一歩段階的に教えるためには，統一的で体系的なカリキュラムが求められる。「時間を注意深く分割して，毎年，毎月，毎日，各時間が，みなそれぞれの割り当てられた仕事を持つように工夫せられねばならない。時間と学習すべき教材との分割を厳密に相連繫せしめて，何物も省略されたり，順序を傾倒されたりすることのないようにしなければならない」（166頁）。そして一旦学校へ送られた子どもは，カリキュラムに従って知識・道徳・敬虔を修得するまで教育を継続せねばならない。

またすべての子どもが学習可能な「教材」が作成されなければならない。コメニウスによると学校で使用される教材は，計画的に組織されなければならない。「教材そのものの配列が先ず第一に，生徒にすぐそばにあるものを学ばしめ，次には手近なもの，それからやや遠ざかったもの，而して最後に最も遠いものを学ばしめるように工夫せられ」（182頁）ねばならない。つまり教材作成においては，まず容易な内容から始めて，次第に難しい内容へと進まねばならない。また決して急がずゆっくりと教えることも重要である。「すべてを年齢と学習との進歩に基づき，自から発達する生徒の理解力に適合するよう配列すること」（185頁）。また子どもが自発的に学習するように，子どもの内面に働きかけることも重要である。「可能なるあらゆる手をつくして，子どもに知りかつ学ぼうとする熱望を燃やさしめねばならない」（175頁）。それゆえ，子どもの理解能力を超える教材を教え込むことは禁じられる。「十分に把握し，理解した事以外は，何物も子供に暗記させてはならない。また子供の能力が，それを把握することができるという確かな証拠を認め得るもの以外については，これが記憶を要求してはならない」（186頁）。

最後にコメニウス教授学において，「直観」が重視されていることも挙げておこう。「すべてを容易に生徒の心に刻みつけるために，できるだけ感覚活動を通じてこれを取入れしめねばならない」（188頁）。学校の教室では絵画や図表などを掲げ，子どもの五感に訴えて教えることが望ましい。たとえばある事物を子どもに教えるのに，言葉を用いるだけでなく，絵画を用いれば聴覚・視覚の両方を用いることとなり，その効果は大きい。「子どもが先ず感覚的直観を修練し（というのは，これは最も容易なものであるから），次に記憶力を，それから理解力を，而して最後に判断力を修練するように教育せられる場合。この場合には難易の順を追うて段階的に教授される。なぜならば，総べての知識は，感覚的直観から始まり，次に想像作用を媒介として記憶の領域にはいるからである」（182頁）。

(3) 一斉教授

コメニウスは効率よく教育を行なうために，一人の教師が多数の生徒に対して一斉に集団的に教授することを主張する。「教師が高い教壇上に立って全生徒を同時に見渡し，彼等をして，教師に注意し，教師を注視することのみに専念せしめる」（223頁）ことが求められる。教壇からは全生徒の姿がすぐに見渡せる。その上で教師は生徒の関心を生じせしめ，生徒の感覚に訴えかけるように教えなければならない。また教師はしばしば生徒に対して質問を発し，彼等の理解を絶えず確認しなければならない。またこの教授法ではすべての生徒が同一の教科書を用いる。「総べての学校のために，既に述べたような学習の容易さと徹底と時間の節約という原則に基づいて，教科書が書かれなければならない。……彼等はまた，そしてこれは最も重要な点であるが，すべてを一般に分かり易く，通則的に記述し得るようにしなければならない。そうすれば，教師は学生に一つの光りを与えることになり，学生はこの光りの援助によって，自から，教師なしで，すべてを理解することができるのである」（230頁）。そして先ほど述べた統一的カリキュラムに基づいて教材を，学年，月，週，日，時間へと分割し，計画化された学習内容を生徒が学ぶように促さねばならない。そして「全学校に対して同一の作業を共通に課すべきである」（219頁）。このようにコメニウスは個人教授ではなく一斉教授の導入を主張するのであるが，この手法によって教師はもっとも効率的に教えることができ，またすべての学生が平等に教材を学ぶことが可能となる。

(4) 学校制度

コメニウスは学校制度の整備を具体的に論じている。まず0歳から6歳の子どもに対して「母親学校」が創設されるべきとされる。母親学校は各家庭に設けられ，母親が子どもを教育することが意図されている。ここでは外的感官の訓練が主であり，子どもが周りの事物を正しく認識することが重視される。この時期の教育は，将来子どもが成長した後の基礎となるため重要である。それゆえ知識修得（形而上学や自然科学など）よりも，道徳教育や宗教教育における適切な習慣づけが行なわれねばならない。しかし母親学校では体系的カリキュラムは必要がない。なぜなら0歳から6歳の子どもは成長の個人差が大きいからである（353－362頁）。

6歳から12歳の子どもには「国語学校」へ通学することが義務づけられる。

国語学校は各村落に設置される。国語学校では「読み方，書き方，図画，唱歌，算数，測定，測量，及び様々の事物を記憶すること」(341頁）が教育目標として為される。国語学校ではまず自国語の習得が求められ，ラテン語やヘブライ語等の外国語学習は次の段階で行なわれるべきとされる。つまり「すべての国民の母国語の教育に対する道を求めた」(354頁）と言えよう。そして文学，道徳，宗教，技術に関する基礎教育が行なわれる。一日4時間授業が行なわれ（午前2時間・午後2時間)，午前は知力・記憶力に関する教科が，午後は手や声の練習に関する教科が教えられる。

12歳から18歳の子どもは「ラテン語学校」・「ギムナジウム」に通う。この学校は各都市に設置される。この6年間の教育課程は各々学年順に，①文法学級，②自然哲学学級，③数学学級，④倫理学学級，⑤弁証法学級，⑥修辞学学級と命名される。ラテン語学校の目的は，4種の言語（母国語，ラテン語，ギリシア語，ヘブライ語）を学習すると同時に，技術に関する百科全書的知識を習得することにある。この段階では文法，弁証法，修辞学，算数，幾何，天文，音楽の7自由科にとどまらず，歴史，道徳，信仰なども教えられる(363-372頁)。

18歳から24歳の青年は「大学」に通う。大学は各国に設置され，神学部・医学部・法学部から構成される。大学では神学者，医者，法律家を養成するのだが，学生には単に専門的知識だけではなく，あらゆる学問にわたって博識を有するように教育されねばならない。「教科課程は真に包括的であって，人間の科学及び知恵の全部門の研究を悉く網羅するように考慮しなければならない」(373頁)。

(5) コメニウス教授学の意義

このようにコメニウス教授学の意義は，これまで一部の恵まれた子弟しか教育を受けられなかったのに対して，すべての子どもが平等に教育を受けられるような計画を立てたことにある。またモンローもコメニウスを「実学主義的教育運動の最も重要な代表者の一人」と評価し，その「科学的な方法」に教育史的な意義を認めている[27]。

また『世界図絵』についても述べておこう。コメニウスは子どものための絵入り教科書『世界図絵』を1657年に作成した。モンローいわく，「この教科書では単なる記号や言葉に代って実物を取扱う方法がその論理的帰結として，絵画によって事物を表わすようになっている[28]」。この教科書は後にゲーテらが子ども時代の回想でしばしば言及したことからも知られているように，ヨーロッパの教育に大きな影響を及ぼした[29]。

第3章　教育思想Ⅱ

1　ロック（John Locke）

〈生涯〉 1632年生まれ。ウェストミンスター・スクール，オックスフォード大学クライスト・チャーチで学業を修める。若い頃から医学に関心を持ち，その中で実証主義・経験主義の学問精神を学び取る。1675年医師になる。1683年，政争に巻き込まれ，オランダへ亡命。1688年，英国で名誉革命。翌年，女王メアリとともにイングランドへ帰国。「権利章典」の作成に協力する。1704年死去。著作は『寛容に関する書簡』（1689年），『人間知性論』（1689年），『統治論二編（市民政府二論）』（1689年），『教育に関する考察』（1693年）など。

(1) タブラ・ラサ（精神白紙説）

まずタブラ・ラサ説から始めよう。タブラ・ラサとは，心の中には生まれながらに刻みつけられた観念や原理などはないという考えのことである。この考えに従えば，子どもは生まれた時はまだ何の観念も持っていないということになる。「そこで，心は，言ってみれば文字をまったく欠いた白紙で，観念は少しもないと想定しよう。どのようにして心は観念を備えるようになるか。人間の忙しく果てしない心像（ファンシイ）が心にほとんど限りなく多種多様に描いてきた，あの膨大な貯えを心はどこから得るか。どこから心は理知的推理と知識のすべての材料をわがものにするか。これに対して，私は一語で経験からと答える。この経験に私たちのいっさいの知識は根底を持ち，この経験からいっさいの知識は究極的に由来する[(1)]」。子どもは成長するにつれて，教育によってさまざまな観念を獲得するようになるのであり，これは経験主義的な考えと言い得る。「子どもがこの世に生まれたばかりの状態を注意深く考察する者は，子どもが将来の知識の材料になるような観念を多量に貯えていると思う理由をまったく持たないだろう。子どもはそうした観念をだんだんに備えるようになるのである[(2)]」。

ロックは子どもの教育はまず感覚的訓練から始めるよう主張する。感覚によって一つひとつの対象についてわれわれの心の中に観念が起こり，さまざまな知識が得られる。たとえば，どんな色であるか，暑いか寒いか，どんな味か，どんな臭いか，どんな形であるか等を，感覚を通して知覚し，それらについての知識や観念が得られる。すなわち感覚を通してさまざまな知識や観念が，われわれの真っ白な心に入るのである。そしてわれわれはその知識と観念を記憶し，一つひとつの名前を教わる。このような過程を経て，一つひとつの知識や観念が心の中に植えつけられる。しかしもし幼児期の子どもが誤った複合観念を持つならば，その子は一生誤った観念を持ち続けるかもしれない。「観念はきわめて安易に結びつく傾向をもっており，それが習慣化すると，非常に強く思考を誤らせる結果となる。それゆえ，もし観念の結合を何ら吟味せず，盲目的に承認するならば，われわれはきわめて大きな誤謬に陥るのである[(3)]」。それゆえ正しい観念を持つように子どもを教育することが重要である。正しい方法によって，子どもの心に正しい観念を獲得するように習慣づけねばならぬと言えよう。「ロックは，精神は白紙のごときものであり，この白紙は経験により，換言すれば観念の結びつきにより色づけされると考えるのであるから，その根底には，方法さえ確実ならば子どもの心はどのような方向にでも決定される，という楽観主義的教育観が潜んでいるといえる[(4)]」。すなわち生得的な性質を重視しないロックの人間観から，教育さえすれば子どもを立派な人間にすることができるという楽観主義的教育観が導き出される。そして習慣づけと訓練（身体的訓練と精神的訓練）が重視される。

(2) 習慣形成

ロックの教育論は一般に紳士教育論と言われている。紳士（ジェントルマン）は，健全な身体と道徳と知識を持っているべきである。「健全な身体における健全な精神とは，言葉は簡単であるが，人生の幸福を言い尽くしている」(14頁)[5]。まずロックは当時の親たちが幼児期の子どもを教育するに際して子どもをかわいがるあまり，子どもに必要な訓練を行なっていないことを嘆いている。「甘やかされた子供は，……欲しくてわめいているものは必ず手に入り，好き放題をしているものです。こうして，両親は子供が小さいときにその機嫌をとり，甘やかして子供のうちにある生まれつきの性能を台無しにするのです」(48頁)。逆に理性的に適した事柄にしか同意しないように，精神を正しくすることが教育において重要である。そのように精神を鍛錬することによって，子どもは自分の欲望を我慢し，欲望がいろんな方向に動いても，理性が最善として示すものに純粋に従うことができるようになる。しかし逆に「若い時に，自己の意志を他人の理性に服従させることになれていない者は，自己の理性を活用すべき年齢になっても，自分自身の理性に傾聴し従うことは，めったにない」(50頁)。したがって両親は子どもが非常に小さい時から，両親の意志に従うように教育すべきである。

このようにロックは子どもを厳しく教育するよう唱えるのだが，しかしその方法は単に強制的であってはならないと考えている。もし両親が子どもにある行為をするよう促したいのなら，単に威圧的に命令するのではなく「完全にできるまで子供たちに何回も繰り返しやらせる」(76頁) ことが重要である。「子供たちの習慣になるまで，同じ行為を反復させると，それをすることが，記憶，または子供時代にはなくて，分別と年齢に伴ってくる，反省によるのではなくて，子供たちに自然なものになる」(76頁)。ロックは子どもが親に従順に従うことを目標化するのではなく，子どもが自発的に善い行為を行なうように習慣づけられるべきとする。もっとも単に多くの規則と訓戒を子どもたちの記憶に詰め込むのはあまり効果がない。なぜなら，子どもは多くの規則を記憶できないし，規則を破って叱られることが頻繁になると叱られること自体に慣れて気にもとめなくなるからだ。両親は規則を作るのは少しだけにし，一度作った規則は必ず守られるよう気をつければよい。「子供たちに是非させねばならぬと考えられることは，機会あるごとに欠くことのできぬ練習によって，（規則を）子供たちの身につけさせる」（78 頁）ことである。「こうすれば，子供たちに習慣をつけさせ，習慣は一度できると，記憶の助けがなくとも，独りでに，容易に，自然に，作用するもの」（78 頁）である。

(3) 作法について

適切な礼儀を習得することは社会生活上必須である。しかし作法に関しても「規則によるよりは実例で習得されるべき」（84 頁）である。「行儀のような事柄を何も教わっていない子供たちは，しばしば，ある点で良い作法に外れたと言う訳で叱られ，その上帽子の脱ぎ方とか，お世辞の仕方について，ごたごたと叱られ，諭される」（85 頁）。しかしこのように叱られるだけでは子どもは作法を身につけない。むしろ求められるのは，「子供たちは……何をなすべきかを示され，動作を繰り返して何が適切で，ふさわしいかを，前もって練習するようにさせられる」（86 頁）ことである。そして何よりも重要なことは，子どもに善良な性質と親切さの原理を持たせることである。「もし子供の柔軟な心が，愛と尊敬，それに気持ちを傷つけることを恐れる心とに基づく，両親と教師に対する畏怖の念と，全ての人々に対する尊敬，善意で満たされているなら，そういう尊敬心があれば，その子は自分が最も受け入れられ易いと考える表現方法を，自ら修得するでしょう」（84-85 頁）。

(4) 評判による賞罰

賞罰とは，良いことをすれば褒め，悪いことをすれば叱ることを言う。しかしロックは単に外から威圧を加えることを良しとはしない。なぜなら彼は人間を理性的動物と捉え，理性的自由の育成をこそ教育の課題としているからである。

まずロックは，鞭による罰を全面的に禁止する。なぜなら体罰は，子どもの心を卑屈にし，奴隷的性格とし，ふさぎこんだ性格にしてしまうからだ。「こういう種類の奴隷的訓練は，奴隷的気質を生むものです。鞭の恐怖が子どもにおおいかぶさっている間は，子供は従い，従順を装」（64 頁）う。しかし結局そのような子は将来自分のやりたいことを爆発的に行なったり，あるいは完全に意気消沈してぼんやりとした人間になるという結果に終わる。そして何よりも「奴隷的肉体的罰は，賢明，善良で純粋な人間にさせたいという子供の教育に用いるに適した訓練法では」（65頁）ない。

では一体どのような手段によって賞罰が行なわれるべきなのか。単に良い行為に褒美を与え，悪い行為に罰を与えるのは良くない。というのも褒美を与えることによって，欲望が助長され，逆に褒美をもらうこと自体が目的化するおそれがあるからだ。ここでロックは，「評判」すなわち，評判と恥，名誉心と羞恥心によって賞罰を行なうことを主張する。「子供たちは，賞賛，称揚に敏感なもの」であり，「子供たちはとりわけその両親と，子供たちが頼りにしている人たちに尊重され，評価されることを喜ぶ」（70頁）。逆に無視されたり軽蔑されたりすることは子どもにとってもっとも苦痛である[(6)]。

つまりロック教育論において，賞罰は肉体的苦痛ではなく，精神的苦痛を尺度とすべきであるとされている。「尊敬と不名誉は一度その味がわかると，他のなによりも精神にもっとも強力な刺戟を与えるものです」（69頁）。要するに，外面的・強制的に教育するのではなく，子どもの自由意志によって内面から自発的に良い行ないをするように習慣づけることが求められているのであり，これは子どもの理性の育成という役割を担っている。

(5) 理性的存在としての子ども

以上のようにロックの教育論は甘やかしを厳禁するものの，決して性悪説のような主張をしているのではない。ロックは子どもに規則を強制することを嫌う。「我々が子供たちに習わせたい事柄について，我々が認めうる大きな，そして唯一の子供たちをげっそりさせることは，子供たちがそのことをすることを言いつけられることであり，それが彼らの本分とされることであり，その事についていじめられ，叱られることであり，びくびくしながら恐る恐るすることであるか，あるいは喜んでしようとしても，長い間やらされて，しまいに退屈してしまうことであって，要するに以上全てのことは，子供たちが非常に愛惜しているあの生まれつき持っている自由を余りにも侵害するもの」（103-104頁）である。ロックは子どもに自由を認めている。

さらに彼は子どもにも感情と理性とを区別することが可能であるとし，子どもが理性を尊重する能力を有していることも指摘している。たとえば両親が子どもを叱る時，感情的に叱りつけるだけならまったく説得力がないが，理性的に説得するならば非常に有効である。「子供たちを制圧するには……じゅんじゅんと説いて穏やかに説得することが大抵の場合遙かに効果がある」(112頁)。そして親は子どもの理解力と能力に即して「論証」することが必要なのである。子どもの誤りを正すには，穏やかな態度と落ち着きで相対し，語る内容が道理にかなっていれば，子どもも納得して両親の言葉を受け入れる。「子供たちの心を動かす論拠は明白で，子供たちの思考力と同程度で，また感じられ，触れられるものでなければな」(114頁) らない。このようにすれば子どもは力づけられ，自ら進んで自己を正しい方向に向けることができるのである。

2　ルソー（Jean-Jacques Rousseau）

〈生涯〉 1712年ジュネーヴで生まれる。1750年ディジョン・アカデミーの懸賞課題「学芸の復興は習俗の純化に寄与したか」に，論文『学問芸術論』を投稿し当選する。1755年『人間不平等起源論』を執筆。1762年『社会契約論』『エミール』を刊行するが，『エミール』の内容が過激であったため，逮捕状が出され，逃亡生活を送る。1766年イギリスへ渡るも翌年フランスへ帰る。1770年以降パリに住み『告白』などを執筆。1778年没。著作は『学問芸術論』(1751年)，『人間不平等起源論』(1755年)，『新エロイーズ』(1759年)，『社会契約論』(1762年)，『エミール』(1762年) など。なおルソーの教育思想は『エミール』において小説風に述べられている。

(1) 消極教育

ルソーは自分の主張する教育説を「消極教育」と名づける。ルソーは，子どもに多くの知識や大人の義務を教える教育を積極教育と名づけ，その積極教育とは反対の教育が必要と考えた。それが消極教育である。積極教育では子どもの本性を悪と捉えるため，教育目的は子どもの性質を根絶することにあり，人為的に外から知識や技術やしつけを教え込むことが重視されていた。

「しかし自然の歩みによって，かれら〔子ども――引用者注〕には，まったく〔積極教育とは――引用者補足〕逆の教育が必要なのだ」(上 132 頁)[7]。「初期の教育はだから純粋に消極的でなければならない」(上 132 頁)。ルソーは積極教育とは逆に，子どもは生まれながら善であると考え，それゆえこの善なる本性を自然な形で成長させることが教育の本務と考えた。それゆえ人為的・積極的に子どもに知識を伝達したり，道徳を教えることはできるだけ避けられねばならない。つまり教師の子どもに対する働きかけは，消極的でなければならない。このようにルソーは消極教育を推奨するのだが，消極教育の基盤となるのが自然主義と感覚主義である。

ルソーは「自然人」を教育の理想と考えた。ルソーいわく，「この教育は，自然か人間か事物かによってあたえられる。わたしたちの能力と器官の内部的発展は自然の教育である。この発展をいかに利用すべきかを教えるのは人間の教育である。わたしたちを刺激する事物についてわたしたち自身の経験が獲得するのは事物の教育である」(24 頁)。つまり教育には「人間の教育」「自然の教育」「事物の教育」の 3 種類があるのだが，ルソーは「自然の目的」に合致する教育が行なわれるならば，この三つの教育は調和的になると考え人間が生まれつきに自然に持っている素質を開発することを主張した。そのため彼は「社会」を敵視し，子どもを社会から引き離して育てるように主張する。またルソーは教育において，理性や精神よりもまず感覚の役割を重視した。「子どもの興味をそそることができるのは，純粋に肉体に属するものだけだ」(上 310 頁)。つまり感覚の正しい訓練が将来の理性育成の礎となる。

(2) 人間の発達のプロセス[8]

乳児期――ルソーは「人間の教育は誕生とともにはじまる。話をするまえに，人の言うことを聞きわけるまえに，人間はすでに学びはじめている」(上 71 頁) と述べ，乳児期の教育を以下のように説いている。まず感覚的な刺戟，特に運動が重視される。子どもの自由に任せ，子どもの自己活動が妨げられないようにせよというわけである。身体を動かすことによって子どもは，視覚・聴覚などの五感を複合的に使いこなしてさまざまな物体を知覚する。また運動は子どもに距離感を身につけさせ，空間観念の基となる。

幼児期——この時期は「感覚的理性」の育成が重視される。「肉体を，器官を，感官を，力を訓練させるがいい。しかし，魂はできるだけ長いあいだなにもさせずにおくがいい」（上 133 頁）。「人間の悟性にはいってくるすべてのものは，感覚を通ってはいってくるのだから，人間の最初の理性は感覚的な理性だ。それが，知的な理性の基礎になっているのだ」（上 203 頁）。子どもに理性的訓練をいきなり施すことを否定するルソーにとって，まず感覚を正しく訓練することが肝要とされる。たとえば視覚や聴覚を複合的に使い，相互に確かめあうことによって，物体の正確な知覚に至る。つまり感覚は人間の認識の基礎である。「知的理性」の前段階として「感覚的理性」が求められるのである。

児童期——児童期には子どもの知的欲求が増大する。まず「感覚を踏まえた知的認識」が求められる。第二に肝要なのが「好奇心」である。自然な欲求に基づく知識欲が児童の成長を促す。子どもの理解力に即して知識を与えることが重要であり，大人からの干渉はできるだけ避けるべきとされる。「あなたが彼に教えたからではなく，彼自身がそれを理解したから，何かを知っている，というのでなければならない」（上 289 頁）。第三には子どもにとって「有用な知識」しか教えないということが挙げられる。第四には，子どもには「事実」についてのみ考察させることである。ルソーいわく「事実のほかにはどんな授業もあたえてはならない」（上 289 頁）。たとえば教師が生徒に地理や天文学を教えたければ，地球儀や地図を教えるよりも，実際の自然環境の中で美しい日の出や夕暮れの光景を見て現実世界に触れ合うことが求められる。要するに書物での学習よりも，自然と触れ合う体験的な学習が重視されている。

思春期——今までは道徳教育はいっさいなされていなかったが，この時期に至って「道徳性・社会性の育成」が問題とされる。これが第一の課題である。道徳教育に際してルソーはまず良心を重視する。良心の本質は，感情的なものである。道徳心は人間の心の中にすでに備わっている。第二には，他人との相互関係を築き，他人を尊重することが課題とされる。ルソーによれば人は皆，自己愛や自己保存への欲求を有している。この感情から自分の周りの人，自分を守ってくれる人への愛情が生じる。「子どもは，生まれながらに人に好意を感じる傾向をもつ」(中10頁)。特に恋人や配偶者を求める時，人はもはや自己愛のみで行動するのでは決してない。「特別の愛着をもてば，相手からも特別の愛着をもたれたいと思う。恋愛は相互的なものでなければならない。愛されるには愛すべき人間にならなければならない。特別に愛されるためには，ほかの者よりもいっそう愛すべき者にならなければならない。ほかのだれよりも愛すべき者にならなければならない。少なくとも愛の対象の目にはそう映らなければならない」(中13頁)。第三の課題は，「公正さと人類愛の涵養」である。人は一人で生きるのではない。常に社会の一員として義務を果たさなければならない。その際人類全体への正義感・愛情を持つことが求められる。そして第四の課題は，「宗教的信仰心の涵養」である。ルソーは特定の宗教に属したり，宗教儀式の細々とした規則を遵守することは，宗教の本質ではないと考える。「神が求めている信仰は心の信仰だ」(中185頁)。

青年期――青年期における課題は二つある。一つは自分にふさわしい恋人を見つけ結婚し，新しい家庭を築くことである。『エミール』では主人公エミールが理想の女性ソフィーと出会い，結婚する。「夫婦になる者にこそ相手が適当な人かどうか考えさせるべきだ。おたがいの好みが夫婦をむすびつける第一の絆になるべきだ。二人の目が，心が，最初の案内者になるべきだ。結ばれたとき，夫婦の第一の義務は，愛し合うことなのだから，……その義務は必然的にもう一つの義務，結ばれるまえにまず愛し合わなければならないという義務をともなっているのだ」(下98頁)。二つ目の課題は旅行することである。外国を旅行し，各国の制度・習慣を学ぶことによって，市民としての教養を完成することができる。

(3) ルソー教育思想の意義と問題点

ルソー教育思想の意義としては，子どもの解放が挙げられる。ルソー以前の伝統的な教育観では，子どもの本性は悪と考えられていた。その上で大人が行動様式や学問を強制的に教え込み，そのことによって児童の素質を良くできると考えられていた。しかしそれに対してルソーは生まれながらの子どもの素質を善と考え，子どもの自発的な成長を促すように主張した。

問題点としては，子どもを過度に美化し，社会を過度に敵視している点が挙げられる。ルソーは社会こそが子どもを堕落させる悪の根源とみなし，子どもを社会から引き離すように主張した。しかし現実の人間は社会の中で生活しているのであり，子どもを完全に社会から引き離すのは非現実的である。

また「有用性」のみを知識教授のメルクマールにしている点も若干問題がある。役に立つということは確かに子どもに受け入れられやすいかもしれないが，教育は単に実学教育にとどまるべきではない。長期的な観点から物事を見ることのできる人間を育成するには，実学にとどまらない知的教養が求められるはずである。ルソーは百科全書的な知識教授を否定するあまり，古典的伝統的諸学問が人間形成に果たしてきた役割を軽視しているように見受けられる。

3　ペスタロッチー（Johann Heinrich Pestalozzi）

〈生涯〉 1746年スイスに生まれる。教育に一生を捧げたことで名高い。ノイホーフ農場を経営していたときに農場内に私設学校を作ったことや，シュタンツの孤児院で院長として活動したことなどが知られている。1827年没。著書『隠者の夕暮れ』(1780年)，『リーンハルトとゲルトルート』(1781年)，『シュタンツ便り』(1799年)，『ゲルトルートはいかにその子らを教えるか』(1801年) など。

(1) 直観のABC

ペスタロッチーもルソーと同様に，子どもには将来発展する素質が備わっており，この素質が子どもの内から発展するように助成するのが教育と考えている。

またペスタロッチーの特徴は，「直観の原理」を教育方法の重要な柱として考えることである。「直観と感情とは，子どもの内的な能力の所産としてすでに本源的に人間的で，精神的かつ道徳的であります。人間は直観と感情をまず最初に知覚し，まさにそのことによって直観と感情それ自体と人間の内的なるものとを知覚する外界の対象から分けて純粋に自由に直観され，感ずるのです。直観と感情とは児童と人類の純粋に人間的な，純粋に精神的な，また純粋に道徳的な文化のすべての単純な，不変の要素となり，また要素であるのです」（『基礎陶冶の理念』）[9]。つまり直観はすべての認識の基礎であるので，教育方法はまず直観的でなくてはならないとされる。

しかし直観において受け取ったものはまだあいまいで混乱している。そのようなあいまいな直観を明瞭な概念にすることが次に求められる。「この直観の内にある混乱を止揚し，諸々の対象を相互に分け，相似たもの，互いに関係したものを，その表象に於て再び結合し，そうして，それらのものをわれわれに明らかにし，それらのものを完全な明白さにかたどって，われわれの中で明晰なる概念に高めるということにあります」（131 頁）[10]。つまり直観はまだ素材であり，概念的には不明瞭であるので，直観を分離・結合して，秩序を与え，明晰判明な概念にまで高めることが求められるのである。「われわれの認識は混沌から規定へ，規定から明晰へ，明晰から判明へと進むのです」（131 頁）。

またそれゆえペスタロッチーの教育方法は段階的な教育法でもあった。「最も容易なことからしはじめて，先に進む前に，これを完全に仕上げ，次に順序を追って進むことによって，常に，ある僅かなものだけを，既習のものに付け加える」（79 頁）。

ペスタロッチーは直観が三つの根本的要素から成り立っていることを発見し，その 3 要素の基礎的部分を学習することが重要であるとする。「非常に錯綜した直観も，単純な根本要素から成立しています。この要素についてはっきりしたる明白さに到達すれば，最も錯綜したものも単純になるのです」（128 頁）。そしてその 3 要素とは，①如何に多くの，また幾種類の対象が，その眼前に漂っているか（＝数），②どんなに見えるか，その形と，その輪郭は何か（＝形），③どんなにそれらは呼ばれるか。いかにして彼は，その各々を，一つひとつの音により，語によって再現することができるか（＝語）（134 頁参照），の三つである。ペスタロッチーによるとあらゆる事物はこの三つの要素を有している。それゆえに子どもの教育においてはこの 3 要素から始めなければならない。この 3 要素（「数」，「形」，「語」）の各々の領域において，「暗い直観から規定された直観に，規定された直観から明晰な表象に，明晰な表象から判明な概念に導くこと」（138頁）が求められる。このように教育方法を根源的要素にまで遡って単純化し，その要素から確実性を有する合自然的な教育の実行が可能とされる。これが「直観のABC」という考えである。

①語の教授——言語の教授においてはまず，単純化された要素から順々に教育が行なわれる。以下その概要を略述する。言語の要素である音を，子どもに習得させる「発音教授」から出発し，次に親が子どもに物の名前を教える「単語教授・名称教授」に進む。そして最後に「言語教授」が行なわれるが，ここでは認識した対象を，簡単な表現で子どもたちに理解させ，人間のすべての行為について明確に表現させるようにする。

②形の教授——形の教授においてもまず，事物を直観することから始めねばならない。親や教師は子どもに対してまず，輪郭によって異なる事物を識別し，その中に含まれていることを心にうつし出すようにさせ，物の形や輪郭を捉えさせる。あいまいな直観から明確な概念への移行が形の教授においてもなされなければならない。

③数の教授——数の教授では，事物の数を数えることが可能になり，子どもがどれだけ多くの対象が目の前にあるのかを明確に学習することが教授目標である。算術の基礎は「1，2，3，から10までの数の概念をはっきりと直観し得るように子供に見せる」（207頁）ことにある。つまり数の教授でも単純化された要素から次第に複雑な計算へと進むことが主張されている。その上で足し算や掛け算などへ進むことができる。

(2) 技能の陶冶

ペスタロッチーは教育方法を根源的要素に単純化する方法を，技術教育においても主張している。たとえば「打つ」「運ぶ」「投げる」「押す」「引く」「回す」などの基本動作から複雑な技能習熟への道が拓かれる。またペスタロッチーは「生活が陶冶する」と述べ，技能の陶冶が実生活に即して行なわれるべきと考えている。たとえば子どもが農作業や手工業などの仕事に実際にたずさわることによって，さまざまな実際の技能を獲得することが可能となる。生活から技能を学び，また技能を生活に活かすことができるようになる。つまり技能の陶冶では，単に知識を得るだけでなく，知識を自分の体験として行動することが必要である。

(3) 道徳的・宗教的心情の陶冶

ペスタロッチーは道徳性・宗教性の陶冶を重視するのであるが，彼は母子愛がもっとも道徳的・宗教的な基礎となると考えている。なぜなら母親が子どもに示す愛情こそが，子どもに信頼・従順・感謝の気持ちの原初的感情を生じさせるからだ。この感情を拡張して，市民として国に対する権利や義務の感情を芽生えさせることが可能になるとされる。「如何にして私は人間を愛し，人間を信じ，人間に感謝し，人間に従順であるようになったか――如何にして，人間愛，人間感謝，人間信頼などが，本質的にその上に築く感情と，人間の従順を形成する技能とは，私の自然性に入ってきたのか――，そうして，私は，それが，主として幼き子供と母親の中に存する関係にはじまるということを見出すのです」(277 頁)。つまり人間一人ひとりの道徳性・宗教性涵養は，外的権威によってではなく，子どもがすでに有している本性の内的成長を促すことによることが肝要なのであり，そのもっとも基礎となるのが母子愛というわけである。

まず「信頼」について見よう。「いま，子供が，まだ見たこともないものが彼の目の前に立ちます。彼は驚き，怖れ，泣きます。母は子供をより強くその胸に抱き，彼をあやし，彼を喜ばせます。彼の鳴き声は止まりますが，しかしその眼はしばらくは涙に濡れたままです。……母は子供を再び頼りの腕に抱き取り，再び彼に向かって微笑むのです――今や，子供は泣かないで，あかるい，曇りないまなざしで母の微笑に報います。――信頼の芽が，彼の中に開発されるのです」(277-278 頁)。

次に子どもの「感謝」の念が生まれ出る様子について見てみる。「母は子供の要求の度ごとに，その揺り籠へと急ぎます。彼の女は飢える時にそこに居り，渇いた時には飲ませます。母の足音を耳にして，子供は泣きやむのです。母は見て彼は手を延ばし，彼の眼は母の胸に輝きます。それは満たされています。母と，満たされるということは，子にとって一つのそうして同じ思いなのです。――子は感謝します」(278 頁)。つまり人が人に対して信頼感を抱いたり，感謝の念を有したりするのは，幼児の頃の母親との感情的繋がりが基盤となっているのである。

さらに「従順さ」や「忍耐心」でさえも母子愛が基になっている。まず「従順」について見る。「子供は待つ前に叫びます。従う前に，我慢しません。……彼はもともと辛抱によってのみ従順になるのです。……しかしこれもまた最初は母親の膝の上で発展します。――子供は母親が彼にその胸を開いてくれるまで待たなければなりませんし，彼を抱くまで待たなければなりません。しばらく経った後，彼の内に能動的従順が発達し，更にずっと後になって，母に従順であることは，彼にとって善いことであるという実際の意識が発達するのです」(279頁)。このような母子の間で育まれる信頼・感謝・従順・忍耐の心が，道徳的生活の基になる。またこの母子間の本能的繋がりは，信仰による神への帰依の感情の基となる。幼児が母を愛するように人は神を愛し，また同時に母が幼児を愛するように神は人を愛する。このように母子愛を特別視する考えは現代のわれわれから見れば古くさく，受け入れ難いと思う者もいるかもしれない。しかしペスタロッチーはこのようなもっとも身近にある感情によって，神への帰依，そして永遠なるものへの認識が可能となると考えている。

4　フレーベル（Friedrich Wilhelm August Fröbel）

〈生涯〉 1782年テューリンゲン州・オーベルヴァイスバッハに牧師の子として生まれる。1816年グリースハイムに「一般ドイツ学園」を設立，1817年以降カイルハウに移す。その後1839年テューリンゲン州に「遊びおよび作業教育所」を設立，1840年に「幼稚園」(Kindergarten) と改称した。幼稚園はドイツで次第に普及したが，1851年プロイセン政府により宗教的理由から禁止令が出される。1852年没。

(1) 全体の基礎づけ――ロマン主義と神的生命観

フレーベルの教育思想および世界観は，ロマン主義[11]的な神的生命観によって貫かれている。彼は世界における全実在が神によって創造され，その万物は神の力によって維持されると考える。「すべてのものは，神的なものが，そのなかに働いていることによってのみ，はじめて存在する。このそれぞれのもののなかに働いている神的なものこそ，それぞれのものの本質である」（上12頁）[12]。彼はここから人間教育の使命が導出されるとする。すなわち人間は理性を持つ存在として，自己の中にある神的なものを意識し，自らの生活の中でそれを顕現させねばならない。また人間は自分の内にある神的なものだけでなく，自己をとりまく自然の中にも内在し，自然を不断に存続ならしめている神的法則をも認識せねばならない。「教育は，人間をして，自己自身及び人間を認識せしめ，さらに神および自然を認識せしめ，そしてかかる認識に基づいて，純粋神聖な生命を実現せしめるように，人間を高めなければならない」（上15頁）。したがって教育において子どもの内にある神的なものが自然に成長するよう期待されるべきであり，それは命令的・干渉的教育であってはならない。さらに教育において理想とされる模範的人間像に関しても，外面的・表面的なものではなく，人間の内面から要請されるものであるべきであるとされる。

このような教育理念のもとで人間の発達段階は，乳児－幼年－少年－青年－成年－老人とされる。人間はこの各段階において充分に発達することによって，次の段階における発達が促進されうる。「少年が少年となり，青年が青年となるのは，その年齢に達したからではなく，彼が，そこで，幼年期を，さらに少年期を，彼の精神や心情や身体の諸要求に忠実に従って，生き抜いてきたからである」（上46－47頁）。そして教育において信仰と勤労と節制が一致して働くことが必要とされる。常に神とともにあるという敬虔な宗教心が人間の成長を完全にならしめ，子どもの中で働いている形成衝動や活動衝動を活発にさせることによって，人間の中にある精神的本質が外面へ表現される。

(2) 学校教育における授業論

フレーベルは彼の教育論において，信仰と勤労と節制の重要性を強調している。以下に具体的に概観する。

宗教教育

フレーベルによれば，人間の魂や精神は神の中でのみ安らうことができ，それゆえ神の必然的な本質や作用を洞察することが必要となる。宗教教育とは，神と人間との関係を認識し，人間各人における神的なるものを表現し，人類の発展形成に寄与するものである。

フレーベルは宗教教育における家庭の重要性を力説する。「純粋に人間的な親と子の関係こそ，あの天上の神的な父と子の関係や生命を実現するための，キリストの真の生命や心や行為を，自己の中に，自己を通して，表現する為の，鍵であり，その第一の条件なのである」（上 193 頁）。家庭における親子の信頼関係が存在してはじめて，神と被造物との関係が築かれうる。家庭においてこそ宗教的感受性が喚起・育成されねばならない。親と子とが外面的にではなく，精神的に一致した生活を送ることによって，子どもは純粋な人間性を，自己自身の中に，自己自身に即して表現するようになる。

そして人間は善という人間性の純粋な表現を真に欲するように教育されるべきであり，幼年の頃からそのように教育されるならば，あらゆる局面において人間の尊厳と本質を感じ取ることが可能となる。人間の尊厳に従って誠実に生活し労働しようという感情や意識こそが，人間が感じ取ることのできる最高の報酬である。

自然理解（理科と数学）

人間は自分自身が宗教教育によって高められるのと同様に，神の作品である自然を認識する努力も要求される。これが理科および数学である。「自然の事物を，その生命に従って，その意味に従って，従ってまた神の精神に従って学び取るよう努力すべきである」（上 212 頁）。

フレーベルは，神の純粋な精神は人間の生命においてよりも，自然の中により純粋に現われると考える。人間は自然を観察し認識することによって，自らの神的本質を，「明鏡に映してみるように」（上 213 頁）見て取るのである。

たとえば草木や樹木の観察を通じてわれわれは，沈黙や思慮深さを感じ取り感動する。神は自らの作品である自然の中に，肉眼では見えないが心の内で見えるものとしてわれわれの前に顕現する。確かに野外を駆け回っている幼児や少年は，自然美やその中で現われる神の力に気づくことはないかもしれない。しかし彼らは自然の中で自然とともに生きているのであり，自然に対する感受性が高まれば高まるほど，神の精神を一層身近に感じるようになる。

言語教育（発音，読み，書き）

宗教教育が多様性を心情によって統一へもたらし，自然理解が自然界の個物を悟性によって統一へともたらすのと同様に，言語教育も人間の中の多様性を統一へ導く権能を担う。

フレーベルによると，自己の内なるものを外なるものにおいて表現することに言語の重要性が存する。「話す」（*sprechen*）ということは，自分自身を引き裂く（*brechen*）こと，自己を自己自身の中で分節することを意味する。自己を引き裂くことによって内的なるものが，外的なるものへと表現される。「人間の最も内面的なものは，不断に働いているもの，つまり生きているものであり，生命なのであるから，生命の諸性質や諸現象もまた，必然的に，人間の音声としての言語や，語としての言語によって，表されなければならない」（上 293 頁）。

フレーベルは言語教育を三つの段階に分ける。第一は感覚的な対象，つまり外界を考察することであり，第二は外界から内界に移りながら言語と対象との結合を考察すること，つまり言葉の練習である。そして第三は，対象へのかかわりあいに関係なく，言葉を純粋に素材として考察すること，つまり発音の練習である。言葉の練習は外界，特に自然の考察から出発する。そして子どもは自分を取り巻く外界の中心点におかれるだけでなく，外界の対象を自分に対する関係において認識し，同時に自己自身を真に発見する。

(3) 労作の教育的意義

宗教教育，自然理解，言語教育のいずれにおいても，子どもの内にあるものを外へと表現することが重要視されている。この内的なものを外的なものにすることを現実に担うのが労作であり，フレーベルはこの労作という活動をとりわけ重視する。

労作は自分の本質を認識する自己目的的活動であり，生計のための手段に貶（おとし）められるべきではない。「人間が労働したり，活動したり，創造したりするのは，単に身体つまり精神の外被を保持するためだけ，即ち衣食住を確保するためだけであるという思想，と言うより妄想は，人間の品位を汚すもの」（上 51 頁）である。したがって労作において重要であるのは，労作によって作られた作品だけでなく，その作品に反映される自己自身なのである。労作とは精神を自然界へと客観化し，自然への働きかけによって客観化される自己を再び内面化する営みなのである。

しかしながらフレーベルにとって労作とは単に生活形式や教育課程のあり様を叙述するものにとどまらない。労作とは自己の内奥にある神性を実現する行為であり，さらに言えば神の本質は労作にある。神が無から創造活動を行なうのと同様に，人間の使命もその本性上絶えず何かを創造し続けるという点にある。

しかしなぜフレーベルは労作についてことさら強調するのであろうか。彼によるとその理由は，「現在の家庭教育や学校教育は，身体を動かしたがらず，仕事を怠けたがるような方向に，子ども達を導いている。それでは，人間の無限の力は，発達させられないままに止まってしまう。人間の無限の力は，失われてしまうことにさえなる」（上 55 頁）からである。

フレーベルは労作を基盤として家庭教育と学校教育の意義を再検討する。少年は家庭において大人たちが日常生活の中で，何かに従事したり仕事をしたりしているのを見て取る。そして少年自身も仕事をしてみたくなり，手足を動かすようになる。大人たちはしばしば，ここで芽生えた形成衝動を，「邪魔」あるいは「忙しい」という理由で破壊する。フレーベルはここで大人は少年に仕事を分担させるべきだとし，何らかの作業に従事することで少年の見識が広まると考える。学校教育についても同様である。学校の教師は事物の内面的，精神的な本質を子どもに証明してやり，子どもの生き生きとした内面性を表現へと外化するよう促す役目を持つのである。

(4) 恩　物

このようにフレーベルは労作という契機を重視している。さてフレーベルは子どもが労作的な要素を取り入れながら遊ぶために，適切なおもちゃを用いるように主張する。そのおもちゃは「恩物」（Gabe）と名づけられる。これは神から与えられた賜物という意味を有している。フレーベルは幾多の恩物を考え出した。第一恩物がボール（毛糸のまり），第二恩物が球と立方体，第三恩物が立方体の積み木，第四恩物が直方体の積み木，第五恩物が直方体と三角柱の積み木，等々である。子どもの成長発達に応じて，子どもに高次の恩物を与えて遊ばせる。

第一恩物のボールを取り上げてみたい。これはひもがつけられた毛糸のボールであるが，親や保育者が子どもの目の前でこのボールを動かす。親や保育者はボールを動かす時に，「あっち，こっち」や「ガタン，ゴトン」などの声をかけることによって子どもが楽しめるように導く。さらにボールを犬や猫などの動物に見立てて，「犬が飛び上がるよ」などと声をかける。そうすることによって，子どもはボールの中に生命を直観し，想像力を養うようになる。[(13)]

子どもはこのようなボール遊びを通して外の世界との関わりを構築していく。「子どもの生命は最初のボール遊びのなかにあらわれ，外界は統一のかたちで子どもにあらわれる[(14)]」。現在第一恩物は，感覚を通した知的発達や，色・数・方向などを子どもが学ぶおもちゃとして，主にフレーベル主義の幼稚園を中心に十全に活用されている[(15)]。このようにおもちゃは単に遊ぶためだけの目的を持つのではなく，子どもの知的・人間的な発達を支援するものであり重要な役割を有している。

第4章　教育思想Ⅲ

1　シュライアーマッハー(Friedrich Daniel Ernst Schleiermacher)

〈生涯〉 1768年生まれ。ハレ大学神学部で神学・哲学を学ぶ。1804年ハレ大学員外教授。1810年新設されたベルリン大学の教授に就任。1834年没。神学者，哲学者として高名であり，またプラトンの著作のドイツ語への翻訳者でもあった。また解釈学的哲学の祖としても知られ，後にディルタイ，ミッシュ，リップス等によって解釈学の理論が発展形成された。教育学に関しては1828年にベルリン大学で講義を行ない，『教育学講義』として残されている。

(1) 教育の目的

シュライアーマッハーは1828年教育学に関する講義を行なったが，そこでまず「教育の定義とは何か」そして「教育学とは何か」という問いから始めている。近代的な意味での「教育学」は，19世紀になってようやく学問として成立した。しかし当時はそもそも「教育」とはどのような営みを指す活動であるのかはまだ明らかでなかった。当然ながら19世紀以前も「教育」は行なわれていた。それではなぜ19世紀になってことさら「教育」が取り上げられ，そして「教育学」という学問が必要とされるようになったのであろうか。まずは教育の場として，「学校」が成立しはじめたことが挙げられる。

シュライアーマッハーは家庭における教育よりも，学校という公共的施設における教育の意義を説いている（34 - 36 頁)[(1)]。教育とは共同体の中で個人個人を育成することが重要であるとされている。教育とは私的なものではなく，公的なものであるというのがシュライアーマッハーの基本的な考えである。「たとえ孤立させられた人間が，本源的な内的な力という点ではるかに優れているとしても，実際は，人間社会の中で生活している人の方が進歩するであろうといわなくてはならない」(39 頁)。

それでは学校における教育とは，どのような活動であろうか。それは一言で言えば「古い世代による若い世代への働きかけ」である。古い世代が若い世代に道徳的な人間性を身につけるように導き，かつ人類が蓄積してきた知識を次の世代へと伝えていくことが，学校における重要な課題となる。その際，一つ注意しなければならないことがある。それは教師が思い通りに子どもを育て上げることができるという考え（教育全能論）を採用してはならないということである。そのような考えを採用してしまうと，「生徒は教師によって純粋に教師自身の付属物にされてしまう……，こういうことは，全く不道徳なこと」(48 頁) であるからである。逆に教師は子ども一人ひとりの個性を重視し，子ども自身が自らの特性を伸ばすように導かねばならない。「教育は刺激を与えながら，はっきり現れたものをさらに助成することによって，指導しながら，すべての素質に働きかけなければならないであろう」(49 頁)。

(2) 教育の普遍妥当性の否定

さて次にシュライアーマッハー教育学の大きな特徴として，すべての地域やすべての時代において妥当する教育学などは存在しないとしていることを取り上げる。つまり「普遍妥当的教育学」が否定されている。教育という活動は相対的であることをシュライアーマッハーは認めている。シュライアーマッハーが教育学を述べた 19 世紀は，国民国家が成立した時期であり，ナショナリズムが勃興した時期でもあった。それゆえ教育は国民国家形成にとって重要な契機となりつつあった。教育目的を国家的視点から導出する試みが多く行なわれた。つまり国民国家という理念のもとで，普遍妥当的な教育目的が構築された。確かにシュライアーマッハー自身も教育が国家からの影響を受けざるを得ないと述べている。しかしながらシュライアーマッハーは決して一義的で独断的な理論を構築しようとはしない。むしろ相対主義を認容する議論を行なっている。確かに教育理論は常に一つの国語を基盤とする国民の中で行なわれる。「すべての教育理論は，ある一つの国民性の領域の中でのみ確立されるといえる」(53 頁)。それゆえある教育理論が他の国民に簡単に容易に適応されることはない。ここで一つの問題が起こりうる。ある国民国家で教育を受けた者は，他の国民国家を敵視することが起こりうるということである。国民は，場合によると自分の国民性に合致しないものを排除しようとする（53 頁)。しかしそのような狭隘な視野を乗り越えねばならないとシュライアーマッハーは考える。「教育理論も，固定した自己閉鎖的な国民性を超えていくものになるであろう」(53 頁)。したがってシュライアーマッハーは，教育理論が特定の国民性の中で構築される面を肯定しつつも，自らの相対性を認めることによって，狭隘さを乗り越えねばならないとする。

さらにシュライアーマッハーは，道徳的な善悪も相対的なものであるとしている。「私たちの理論は一定の倫理的な見解の領域に対してのみ立てることのできるものであり，またこの倫理的見解に従って修正を加えられるであろう」(59 頁)。確かに教育とは，子どもを「善」へと導く活動であり，子どもが非道徳的な状態にあればそれを改善することが必要である。「教育にとっては，倫理的な生活一般にとっての規制以外のものはありえないわけである」(58 頁)。しかしその「善」や「道徳」も，社会によって異なるものであるとシュライアーマッハーは述べている。それゆえ「普遍妥当的教育学」はあり得ないとされている。この点においてシュライアーマッハーが現代の文化相対主義や価値相対主義に近い考えをとっていたことが分かる。ただし「善」「道徳」の可変性については，時代とともに減少していくものであり，善の理念はより完全なものになるとも考えられる。つまり「善」は確かに相対的なものではあるが，絶えずより良いものへと改善されるものであるとされる。

(3) 学　　び

このようにシュライアーマッハーは教育目的を一義的に設定することを拒否する相対主義的な見方を保持しているが，さらに教育の方法についても具体的に論じている。どのような方法で教育を行なうかについては，「遊び」（遊戯）と「学習」という２段階が設定されている。子どもは現在的な関心の中で生活しているのであり，未来のことを考えて行動しているわけではない。とりわけ現在的な関心のみに基づく活動が，「遊び」（遊戯）と名づけられる。しかし現在的な関心のみでは，子どもは成長しない。たとえ現在の関心を犠牲にしてでも，未来のことを念頭にさまざまな事柄が教えられねばならない。「すべての教育的な作用は，一定の瞬間を未来の瞬間のために犠牲にするものとして現れてくる」（79頁）。このような教育活動が「学習」である。

しかしここで一つの疑問が生じる。それは，果たして未来のために現在を犠牲にするということを正当化する理由は存在するであろうかという疑問である。この疑問に対して次のように回答する者がいる。それは将来大人になった時に分かることであると。しかしシュライアーマッハーは，子どもは前もってそのようなことを知ることはできないし，またすべての人が大人になってからそのような自覚に至るとも限らないので，そのような正当化は有効性を持たないと考える（80頁）。それゆえ彼は別の正当化を試みる。

シュライアーマッハーは次のように言う。「未来に関係する生命活動は，同時に現在における満足を含んでいなければならない。それで，それ自体未来に関係する教育の全ての教育的瞬間は同時に現在まさにある状態のままの人間に取っての満足でもなければならない」（81頁）。つまり未来への学習と現在の満足とが一致するような教育活動が求められる。子どもが今活動中である教育が自分の未来に対して有意義であることを理解すれば，現在の学習に専念できるようになるとされている。このような考えの中には，教師が一方的に教育内容を教えることによってではなく，教師と学習者との双方向的なコンセンサスによって，教育は進められるべきという思想が見られる。

(4) 保護・抑制・助成

2種類の教育作用

このようにシュライアーマッハーは学びの意義について述べているが，具体的に教育者が子どもに対して行なう教育作用には2種類あるとしている。それは「抑制」と「助成」である。これはどのような事態を意味しているのかというと，子どもの中に「悪」の要素が見られる時には抑制が必要となり，他方子どもの中の「善」の要素が自己発展しているときは助成がもっとも必要であるという意味である。シュライアーマッハーはそもそも人間の善なる本性を信じている。「私たちは，個人の人格的独自性のうちには悪などありえない，ということを前提しなければならない。この独自性のうちには，それだけで絶対的にいって，抑制作用を必要とするようなものは何一つありえない」(90頁)。つまり本来は「助成」のみで十分なはずである。それではなぜ，子どもの教育に「抑制」が必要になるのであろうか。彼は次のように考える。教育は子どもの個性を伸ばすだけではなく，社会人として生きていけるようにせねばならない。たとえば法律に違反することがないようにしなければならない。そのために幼少期に，ある程度の抑制作用を行なわねばならない。「教育は，生徒が実生活に入ったときに，法律がまず彼を制御したりすることのないように，このような抑制作用を加えておかなければならない」(90頁)。

保　護

このようにシュライアーマッハーは教育活動を「助成」と「抑制」に分けるが，さらに「抑制」の前段階として「保護」の段階を挙げている。つまり教育活動は「保護」「抑制」「助成」の順になされるとされる。たとえば大人から見れば望ましくないものに子どもが関心を示すことも現実に起こりうる。人間の持つ利己心は共同性にしばしば反するものであることがある。ここで「保護」が生じる。しかしシュライアーマッハーはただ単に子どもを望ましくないものから遠ざけるのではなく，それを克服できる力を持つように導かねばならないと考える。「生徒が利己心の何であるかを知って，しかも，自分の倫理的な活動を自覚した上で，利己心と戦えるように，これらの（利己心を刺激するような）働きかけを認めなければならない」（106頁）。それゆえ大人が子どもを全面的に「保護」するのではなく，適度に関与することが求められる。

子どもにとって望ましくないものとは何であろうか。シュライアーマッハーはそれを「不正」と「醜」に分け，「不正に関しては抑制という方法が，醜に関しては保護という方法が主として適している」（110頁）と述べている。不正とは規則から逸脱した状態のことであり，子どもにこの逸脱状態について無知のままにしてはならない。道徳的な規則の場合であれば，なぜその反対の不道徳の状態が良くないのかを子ども自身が理解した上で，その道徳的規則を受け入れなければならないからである。それゆえ「保護」という形で子どもに「不道徳」に直面させないのは良い方法ではない。それに対して「醜」は美の反対である。たとえば美しい書体を子どもに提示すれば子どもはそれを真似るが，美しくない書体を提示すれば子どもはそれを真似てしまう。そのような醜の例からは子どもを遠ざけ，「保護」するほうが望ましい（108頁）。

抑　制

次に「抑制」についてであるが，何を抑制するかに関して，シュライアーマッハーは子どもの「情操的な側面」と「意志的な側面」と「技能的な側面」に分けて考えている。

まず情操的な側面であるが，子どもが「低劣な情操」に関心を示す場合がしばしばある。そのような時全面的な抑制作用を押しつけるのではなく，まず大人が倫理的に正しい感情を提示し，その後低劣な情操を楽しむことを恥ずかしく思うように導くべきである。このように羞恥心を喚起する方法は，「不同意の同意」（125頁）と呼ばれる。

さらに意志的な側面については，子どもが倫理に反する意志を有する場合が想定される。このような場合，「罰」や「報酬」によって意志を修正させることが考えられる（128頁）。しかし罰にせよ報酬にせよ，倫理的な正しさを感覚的な快・不快の次元で身につけさせようとする試みにほかならず，結局このような方法では子どもの道徳的成長は見込めない。それに代わって「自己認識」を持つことが肝要とされる。自己認識とは，子どもが自己の行動が生じた理由を自分で明らかにすることである。この自己認識を有することによって意志を正しい方向へ向け変えることが重要である。

最後の「技能」については，子どもが良くない習慣を持っているとする。そのような時大人は子どもをやむを得ず強制的に修正せざるを得ないと考えている（129頁）。

助　成

上記の抑制作用の二つ（情操と意志）に関しては，抑制とはいうものの，子ども自身の羞恥心や自己認識という理性的な自覚作用に依拠しており，結局は「助成的」な方法であると言える。最終的には教育は「助成」に至りつくというのがシュライアーマッハーの所論である。「教育の対象は，生命のあるものであり，だから，はじめは無限に小さなものであっても，自分の力で自分から発展しつづけていくものである」（137頁）。それゆえ子どもたちができるだけ規則に拘束されることなく，自由に学べるような環境を設定しなければならない。それゆえ教師は子どもに対して技術的な指導に終始してはならない。それでは教師の役割はどこにあるのであろうか。それは生徒の中にある力を見抜き，生徒が自己成長するのを支援することである。これは機械的な技術ではなく，生徒の心情に応じて行われねばならない。「ここに，教育の真の天才が現れるのである」（155頁）。

2　ヘルバルト（Johan Friedrich Herbart）

〈生涯〉 1776年プロイセン王国・オルデンブルクに生まれる。1794年イエナ大学入学，哲学を研究する。1799年ブルクドルフのペスタロッチーを訪問。1802年ゲッティンゲン大学私講師，1805年員外教授。1809年カントの後任としてケーニヒスベルク大学教授に就任。1833年ゲッティンゲン大学教授。1841年没。

(1) 教育の目的

ヘルバルトはフィヒテ，シェリング，ヘーゲルらのドイツ観念論の哲学者と同時代に生きた哲学者であったが，哲学者としては観念論ではなく実在論的な考えを堅持した。教育学者としては４段階教授を提唱し，近代的な教授法を提唱したことで知られている。ヘルバルトの４段階教授説は，弟子のラインやツィラーによって５段階教授として整備され，近代日本において紹介されたことでも知られている。

ヘルバルト自身は教育という活動をどのように捉えていたのであろうか。ヘルバルトは主著『一般教育学』において教育方法のみならず，教育の目的について述べている。ヘルバルトは教育の目的を，「教育的教授」という言葉で言い表している。「私は，この際，教授のない教育などというものの存在を認めないしまた逆に，少なくともこの書物においては，教育しないいかなる教授もみとめない」（19頁[(2)]）。「教育」と「教授」という二つの要素が統合的・調和的に行なわれることが求められている。「教育」とは，子どもの内面性・道徳性を育成することが念頭に置かれている。それに対して「教授」とは，知識を子どもに教えることが意図されている。つまり道徳性育成と知識教育とが，矛盾することなく相互協調的に行なわれなくてはならない。教育の目的は，最終的には子ども一人ひとりの人間性を育成することであり，それは「品性の陶冶」と表現される。

それではそのような品性の陶冶は，どのようにして獲得されるのであろうか。ヘルバルトはそのためには，感覚的な経験と書物の読解を結びつけることが必要であるとする。通常，感覚的経験と書物による学習は相反するように考えられているが，ヘルバルトはこの両活動を一致させようとする（「この精神的活動は，感覚的事物と書物を結びつけることによって生じるのである」（14頁））。単に自然の中で子どもたちが友人と遊んだりするだけでは不十分であり，他方，教師が書物を使ってさまざまな説教をしても，実社会の経験からそのような説教は無意味と気づくことは多々ある。前者の考えはルソーの考えであり，後者の考えはロックの考えであるが，ヘルバルトは両者の思想をさらに融合しようとする。

たとえばホメロスの『オデッセイア』を教科書として読むことが取り上げ

られる。教師は『オデッセイア』を単に言語学的な観点から教えるのではなく，子どもたちが『オデッセイア』から理念（イデー）を読み取り，体得していくように導くことが重要である。このような教育によって人類が作ってきた文化遺産を次の世代の子どもに継承させ，知識の伝承を行なうと同時に，子どもの内面性を育成することが可能となる。『オデッセイア』を通して，子どもは古典の世界に導き入れられ，内面的な品性を育成する。「品性は内的な堅固さである」(21 頁)。このように一人ひとりの子どもが品性を確立することによって，人類全体の「思想界」が形成され，その思想界が次の世代の子どもへと継承されていく。「人類自身は，みずからつくり出す思想界によって継続的に教育される」(30 頁)。

(2) 興味と品性

さて教育が始まるとき何を契機として開始されるであろうか。ヘルバルトはそれを「興味」であるとする[(3)]。教師は子どもの興味を基にして教育活動を始める。「ただ将来の大人自身の意欲が，したがって彼がこの意欲において，この意欲をもって自分自身につくり出す諸要求の総体が，教育者にとって〔好意〕の対象である」(50 頁)。しかしここで興味とは何かが注意されねばならない。ヘルバルトは単なる「道楽」「思いつき」と興味とを区別する。たとえば子どもがその場その場で刹那的に関心を持ったりすることや，思いつきで行動することは，教育活動ではない。そのような関心や思いつきを基に子どもを教育すれば，子どもの特性は偏った「不均等」なものとなってしまう。それに対してヘルバルトは「多面性」という観点を重視する。ヘルバルトは，特定の関心に留まるのではなく，バランスよくさまざまなことに活動のエネルギーを向けることによって，人間性が完成すると考える。「ただ自己の努力をさまざまな事柄に向けることによって始めて生ずることができる多様な感受性が，教育の事柄である。したがって，我々は〔興味の多面性〕を教育目的の第一の部分と呼ぶ」(51 頁)。

この多面性とはさまざまなことに定見なく首を突っ込んだりすることではない。多面性とは単に受動的に影響を受けていることとは異なる。ヘルバルトはさまざまなことに定見なく首を突っ込むような性質を「個性」(Individualität）と呼び，批判的に述べている。「個性は，その根底から常に他の新しい思いつきや要求を発する。たとえその能動性が克服されようと個性は，なおその多様な受動性と感受性によって決意の実行を弱める」（59頁）。それに対して育成されるべき人間の性質は「品性」（Charakter）と呼ばれる。個性と品性との違いはどこにあるのであろうか。ヘルバルトはそれを「意志」の有無であるとする。「一般に理性的本質としての人間において品性を構成し得るもの，それは〔意志〕である。……意志は決意される。この決意の様式が品性である」（58頁）。

品性ある人は真剣に物事に取り組むが，そこには能動的な「意志」がある。偏った内容ではなく，多面的な内容に意志を持って取り組むことにより，バランスの取れた人間性が育まれる。このようにバランスの取れた人間性へと導くきっかけとなるのが，「興味」である。興味とは単なる「思いつき」や「気晴らし」ではなく，子どもが「意志」を持って取り組む基礎である。「精神的生活の準備を直接に決定するものは，あらゆる側面にむかってひとしく拡大された興味の着実な内容である」（62頁）。

(3) 教授の段階（明瞭・連合・系統・方法）

このように興味とは単なる気晴らし（欲望）ではない。欲望は何かを欲しがることであるが，それに対して興味は目の前のものに集中することであり，静観的であり，現在的である。それゆえヘルバルトは人が興味に従っている状態を「専心」（Vertiefung）と呼ぶ。「彼はすべてのものに全く没入しなければならない」（67頁）。専心とは人がそれぞれの対象に集中している状態である。しかし次にそれぞれの対象への興味をそのまま放置せずに，一人の人間の知識の中で統一的に把握する段階へと進まねばならない。これは「致思」（Besinnung）と呼ばれる。それぞれの専心は個々の対象へ集中するにすぎず，ばらばらであるが，致思によって統一的な知識へともたらされる。もし致思によって統一的に把握されないならば，そのような人はそれぞれの興味を自らの人格において真の意味で統一化せず，単なる「物知り」（68頁）に終わってしまう。

このように専心から致思へと導くことが教授のプロセスである。ヘルバルトはさらに専心と致思を２段階に分け，合計４段階の教授プロセスを提唱する。先ほども記述したように，子どもはまず目の前の対象に集中する。この段階は「静止的専心」と名づけられ，「明瞭」の段階とされる。「静止的専心は，もしそれが純粋であるなら個々の物を明瞭に見る」（70 頁）。次に，子どもはさまざまなものへの集中を，自らまとめあげるようになる。この段階は「連合」と名づけられる。「専心の他の専心への前進は表象を連合する」（70 頁）。子どもがそれぞれの「明瞭」を連合する際に働かせているのが，「想像」の力である。次に「致思」の段階に進む。ここで子どもは連合されたそれぞれの表象の中に論理的な関係性を見る。ヘルバルトはこの段階を，「系統」（もしくは「静止的致思」）と名づける。「静止的致思は多数のものの関係を見る」（70 頁）。そして最後に子どもはこのような論理的な関係性を見る力を，他の事例にも当てはめるようになる。この段階は「方法」と名づけられる。方法は「系統を発展し，その新しい分節を生産し，その徹底的な応用を喚起する」（71 頁）。このような「明瞭」→「連合」→「系統」→「方法」によって子どもの学びが進展するとヘルバルトは考えた。

(4) 品性の陶冶

さてこのようにヘルバルトは教授の段階説について述べるのであるが，これは「認識の教育」と「同情の教育」（現代的に言えば知識教育と道徳教育）のいずれにも該当する教授法である。教授によって知識が習得され，人間性が育成されるのであるが，知識習得においては単なる利那的な欲求ではなく持続的な興味によって知識が習得され，人間性育成においても確固とした人間性が育まれる。ヘルバルトは次のように言う。「われわれはこうして教授の結果が，品性陶冶の結果と，となり合っていることに気づくだろうし，真の多面的教授の発展とともに，品性の公正さと言うこともまたすでに配慮されている」（145 頁）。本節の冒頭で述べた品性の問題に再び戻ってきた。品性には確固たる「意志」が備わっている。「われわれにとって品性といわれたものは決意の様式であった」。「したがって品性は意志の形態である」（147 頁）。

さてこのような品性とはどのような特性を有するのであろうか。ヘルバルトは二つの視点を提示している。一つは「〔行動〕が品性の原理である」(160頁) という視点であり，もう一つは「品性陶冶の主座は思想界の陶冶である」(171頁) という視点である。第一の視点，「行動」とはどのような意味であろうか。ヘルバルトによると，人間の行動はそもそも欲望に基づいている。しかし人間が自分の欲望を行動に移す時，内面的な意志が同時に働く。内面的な意志によって，人は欲望のままに行動するのではなく，知的な判断に基づいて行動することができるようになる。このような意味で品性陶冶は道徳性育成と密接に関わっている。

さらに第二の視点，「思想界の陶冶」について述べよう。そもそも「思想界」とは何であろうか。ヘルバルトは次のように述べる。「思想界は興味の段階を通して欲望にまで，さらに行動を通して意欲にまでたかまり得るものを貯えている。……知識と慎重さがそこに属し，それなしには人間は彼の目的を手段によって追求することはできない。すなわち，すべての内的活動は，思想界にその座を持つ。ここに本源的な生，第一のエネルギーが存在する」(163頁)。このような人類が作り出してきた文化的・精神的な世界が，子どもの品性を育んでいくのである。

(5) 道徳的品性への訓練

このようにヘルバルトにおいては品性陶冶が重視されているのであるが，さらにとりわけ人間の道徳的品性が重視される。もちろん知的な側面から品性陶冶も重要であるが，道徳的品性はより一層重要である。人間がいかに生きるべきかという問題こそが，さまざまな問題の根底に存するからである。ヘルバルトは人間の道徳性育成を教育の最終的な課題とみなしている。そもそもヘルバルトは道徳をどのように捉えているのであろうか。彼は，道徳を単に命令に従うことであるとは考えない。なぜならそのように受動的に命令に服従するだけならば，道徳は消極的なものに貶められてしまうからである。この点においてヘルバルトはカントの「定言命法」を批判する (153頁)。定言命法では，人は道徳に単に従うだけであり，道徳に積極的意義が見出せないからである。

ヘルバルトによると，人間の意志によって道徳的判断が行なわれるのであるが，それは決して強制ではなく，人間の内面的な自由に基づいて行なわれなければならない。道徳とは，人間が自らの道徳的行為を誇らしく思う熱情的な意志によって行なわれるものである。そして道徳を規定する「善」という理念（イデー）を前にして，人間は道徳的行為を熱情的に行なう。それゆえ理念に向かう道徳的な行為は美的ですらある。「道徳的洞察の持つ美的な力からのみ――勇気と思慮に結びつき欲望を離れた善に対する純粋な熱情が生じ，それによって真正の道徳性が品性にまで強まる」(157頁)。

さてこのような道徳的品性を子どもが身につけるにはどのような方法が用いられるべきであろうか。ヘルバルトはそのために二つの可能性を提示している。一つは「管理」であり，もう一つは「訓練」である。「管理」とは，おどかしや監視によって子どもを扱うことであるが，このような方法は子どもの心情を押しつぶすだけでありふさわしくないとヘルバルトは考える（32-36頁)。それに対してヘルバルトが提唱するのが「訓練」（もしくは訓育）である。訓練とは，教師が子どもの心情に直接働きかけることである（182頁)。「訓練の力は，ただそれを迎え入れる生徒の同調するところまで及ぶだけである」(188頁)。さらに教師と子どもとの間に人間的な信頼関係が存在する。「生徒と教師はいっしょに生活し，また当然愉快に，あるいは不愉快に互いに接触しあっている人間同志である」(188頁)。子どもが自発的に道徳へと向かうのは，教師の力量によるのであり，この点において子どもにとっての教師の存在は大きいと言えよう。教師には「真の教育的タクト」(26頁) が必要である。

3　ディルタイ（Wilhelm Dilthey）

〈生涯〉 1833年ドイツ・ナッソウ公国で牧師の家に生まれる。ハイデルベルク大学，ベルリン大学で神学や哲学を学び，トレンデレンブルクらから学ぶ。その後ブレスラウ大学教授，ベルリン大学教授となる。ディルタイは生前は哲学者としてではなく精神史研究者として有名であり，『シュライアーマッハーの生涯』『体験と創作』などの著作が有名であった。主な著作は『精神科学序説』『歴史的世界における歴史的世界の構成』。1911没。教育学ではヘルマン・ノール，エドゥアルト・シュプランガーらによってディルタイ学派と呼ばれる潮流が生み出された。

(1) 教育学の課題

ディルタイが活躍した19世紀後半から20世紀初頭は，自然科学が大きく発展した時代であった。実験等の手法によって諸現象を分析し，抽象化する研究が行なわれるようになり，研究スタイルが従来とは大きく変化した。確かに自然科学の発展によって社会は大きく発展した。しかし科学的で客観的な分析によっては解明されない領域がある。それは人間の「生」である。人間が一人ひとりさまざまに生きているということは，決して科学的な立場から一般化されるものではない。たとえば私たち一人ひとりの内面は，他者とは替え難い独自性を持っており，科学的な基準で計測されえない。そのためディルタイは学問を2領域に分類する。一つは実験や計測などのような手法によって諸現象を解明する「自然科学」である。それに対して，人間の生，つまり人間の心や文化などのように，実験的手法では解明されえない領域がある。ディルタイはそれを「精神科学」と名づける。これは現在で言うところの人文学・社会科学に相当する。自然科学によってすべてが法則化されていた風潮に反対し，ディルタイは精神科学の独自性を重視し，人間が生きているということを救い出そうとした。

さてディルタイは教育についても研究を行なっていた。教育とはまさに人間の活動であり，精神科学の領域にある。しかし自然科学の発展によって教育の領域においても，方法的に一般化しようとする動きが強くなった。学校制度が次第に整備されつつあったが，学校において「子どもにどのように教えるのが良いのか」が大きな問題となった。このような「教授学」が自然科学的な方法によって作られることになった。「学習の材料の増大に対して，児童の生活及び頭の中に，より簡単なる方法により，取り入れる余地が作られなければならなかった」(97頁[(4)])。このように自然科学的な立場から教授学を構築しようとする研究が数多く行なわれた。しかしこのような法則化された教育方法が果たしてうまく機能するのであろうか。たとえば小学校や中学校で教師が児童生徒に授業をする時，機械的に画一化された方法ですべての児童生徒が同じように理解し，学力を習得できるような教育方法が果たして存在するであろうか。答えは，ノーであろう。ある子どもには適切な授業方法も，別の子どもには不適切であることはしばしば生じる。教育とは，子ども一人ひとりに関わる活動であり，決して抽象化されるべきではない。

(2) 教育の普遍妥当性

それでは教育の目的，そして教育活動はどのように導き出されるべきであろうか。すべての時代や地域において妥当する教育とは，そもそも存在するのであろうか。ディルタイはこの問題を「普遍妥当的教育学」の問題として考察している。自然科学モデルで教育を考察しようとした研究者たちもまた，この問題を考察してきた。ヘルバルトは近代的な心理学の業績を踏まえて，教授理論を構築しようとした。またスペンサーは功利主義的な立場から，教育の意義は社会の要請によって計算的に規定されるとした。しかしディルタイはヘルバルトやスペンサーのように機械的に教育目的を定める姿勢を批判する。(104 頁)。

それではディルタイは教育の目的をどのように定めるのであろうか。まずディルタイは人間の活動の根源は「感情」であるとする。そして感情は科学的に分析され得ない性質を有する。「我々の感情の機能の中には，謎がある」(108 頁)。これまでの教育学は感情という要素をまったく考慮していなかった。ディルタイはまさに「感情」を基盤とした教育学を構築しようとする。これまでの教育学は理性的な立場から計画的に子どもを教育しようとしてきた。同時に子ども一人ひとりの持つ感情という要素を切り捨ててきた。逆に感情を必要以上に称揚したルソーは確かに感情を基盤とした教育学を構築しようとしたが，人間の精神生活について十分な考察を行なわなかった。

ディルタイは，感情が人間の精神構造を成り立たせると考え，感情と精神生活とを融合しようとする。人間はそもそも感情的に生きており，生物学的に自己保存を図る。この意味で「目的」を有している。この自己保存という目的から人間は自らにとって価値あるものを選び取り，社会や精神的に価値のある生活を作っていく。「目的論的性格は，我々の精神生活の構造に存する，即ちその構造によれば，我々の表象及び感情が衝動を働かせ，次に衝動が次に行為を惹き起こすのである」(107 頁)。

人間はこのように「合目的性」を持って社会連関を作っていくのであるが，この社会連関が成立した後に，「文化」が生まれ，さらに人々が生きる際の指針となる「規則」や「規範」が生じてくる。そして社会全体がさらに「発展」していく。このように社会は発展していくが，その社会における理想は歴史的に変遷するものであり，相対的である。「その内容的充実及び現実における一時代及び一民族の教育理想は，歴史的に制約され，特徴づけられている」(98 頁)。

したがってディルタイは次のように言う。「今やまた，普遍妥当的教育学の全領域が，書きかえられる」(114 頁)。教育の普遍性とは，理性によって機械的に決定される普遍性ではない。社会の発展に伴って，その都度異なる規範が生まれ，教育の理想も変化していく。このその都度その都度の理想に対応して教育活動を行なっていくことが重要なのである。「教育現実は，常に歴史的なものであり，それ故に常に相対的妥当のものにすぎない」(115 頁)。そして教育がこの社会のさらなる発展を促してゆくのである。

(3) 子どもの成長と教育の段階

このようにディルタイは教育の目的を相対主義的に捉え，社会や時代のその都度の目的に応じた教育が行なわれるとする。次に子どもの成長に応じて教育がどのように行なわれるべきであろうか。ディルタイは四つの段階を考察している[(5)]。

①「遊戯」。まず幼児期においては「遊戯」が行なわれるべきとする。遊戯とは子どもの「遊び」であり，子どもは遊ぶことそのものに満足する。「遊戯は活動そのものの中で充足される」(127 頁[(6)])。遊びを通じて，子どもは自由に活動し，行動できるようになる。

②「直観教授」。次に知的な学びへと進まねばならないが，ここでディルタイは「直観教授」という方途を提示する。直観教授とは，「直観から概念へ」つまり視覚，聴覚，触覚で捉えたものを，言葉として把握し，子どもが概念的知識を有するように高めていく教育方法である。直観教授には「注意」と「興味」が必要な要素とされる。子どもが目の前の対象に没頭することがし

ばしばある。これは「直接的興味」あるいは「無意的注意」と呼ばれる。この「直接的興味」あるいは「無意的注意」は，刹那的な興味であり，子どもの興味がなくなれば，没頭することもなくなってしまう。ディルタイはこの段階に止まってはならないと考える。「子どもは怠惰で自己の興味のなかに閉じこもるものである。すなわち，子どもというものは熟練をいやがる，あるいは注意ということに慣れない」(133頁)。そこでディルタイは「注意」の伴った直観教授を重視する。注意が伴うためには，「意志」がなければならない。逆にたとえ子どもが興味を持たないとしても，子どもの将来に役立つ学習内容が存在する。子どもはそのような学習内容を学ばねばならない。ディルタイはそこには「意志」が働かねばならないとする。「有意的注意はしかし，意志が，表象と衝動とを不断に統御し，しっかりと規制することを学ぶ最初の形式である」(134頁)。たとえば文法や数学などは，確かに子どもの直接的な興味を惹かないかもしれないが，強い意志をもって取り組むことにより，子どもは自らの精神を鍛えることができる。

③「論理的操作の学習」。さて次にディルタイは，子どもたちが学ばなければならないこととして，視覚・聴覚・触覚等の感覚器官において受け取った内容を，自分なりに再構成し，自分自身の中に定着させることを挙げる。これが「論理的操作の練習」である。感覚器官において受け取った内容を，分解したり，結合したり，そしてさまざまな関係性を発見したりする。このような作業を行なうことによって，「知覚」や「判断」，「概念」が生じる。このように現実の内容を子どもが自分なりに習得することによって，「論理的操作」の力が身につく。これは現実から乖離した抽象的な作業ではなく，現実そのものに即して行なわれる活動である。「生き生きとしたもの，つまり全体との連関が，教授の過程において，絶えず維持されていなければならない」(141頁)。

④「教科の分類」。さて以上のように子どもが論理的操作に習熟するようになると，既成の諸学問を学習することができるようになる。既成の諸学問は自然科学と精神科学に分けられる。「子どもをとり囲む対象の外的知覚からは自然認識に関する興味が生まれ」(142頁) る。それに対して，「交際，内的経験，社会状態の観察からは，歴史的・社会的世界に対する興味が生まれ

る」(142頁)。これが精神科学（人文学・社会科学）である。この両者の学問の方法論はそれぞれ異なる。子どもは成長するにつれて，自らの興味に基づきそれぞれの学問を選択し学ぶようになる。

(5) 教育的天才

さてこのように子どもの発達段階が述べられるのであるが，ディルタイは教師と生徒との関係論，さらには教師論についても述べている。教師は子どもに対してどのように接しなければならないのであろうか。ディルタイは教師の「技術」について論じている。教師が技術を持っているというと，あたかも体系的で画一的な教え方の技術を持っているかのように思われるが，決してそうではない。冒頭で述べたようにディルタイは，教育とは自然科学的な因果連関によって機械化される活動ではないと述べている。同様に教師の技術も，機械的に学ばれる技術ではないと考えている。優れた教師は「衝動的な本性」(121頁) を持っている。さてそれはどのような意味で衝動的なのであろうか。それはまさに，子どもへの「愛」があるという意味である。「何はさておき，子どもの魂に関する観察はすべて，この感情的な心の動きに基づいている。それはたんなる知的操作の問題ではない」(121頁)。

教師は機械のように子どもに関わるのではなく，「愛」を持って子どもに情熱的に接するところから教育活動を開始する。ディルタイは理想的な教師を，「教育的天才」と名づけている。あたかも優れた詩人が良い詩を天才的に生み出すように，優れた教師は教育活動を天才的に行なうことができる。教育的天才の技術は，単なる技術ではない。それは子どもへの熱い思いに裏づけられた技術である。子どもへの愛は，学んで得られるものではない。教師たる者がすでに身につけている，根源的な魂なのである。

確かに教師を目指す者は教員養成所や師範学校などで，機械化・形式化された教育技術を学んでいる。しかしこのような形式化された技術には人間的なぬくもりが欠けている。このような形式的技術のみでは，理想的な教師は育成されない。「教育的天才において優勢なのは悟性ではなくて心情と直観力である」(121頁)。学校制度の成立と普及によって，教育が多くの子どもに普及したのは人類にとって幸いであった。しかし画一的に教員を養成することはできない。愛情のある教師こそが良き教師である。愛情あふれる教育的天才こそが求められていると言えよう。

4　デューイ（John Dewey）

〈生涯〉 1859年生まれ。アメリカの哲学者・教育学者。プラグマティズムの哲学者として知られる。1896年シカゴ大学に実験学校を作り，教育実践を行なう。1952年没。教育学の主著は『学校と社会』，『民主主義と教育』。

(1) 子ども中心主義

デューイは日本でもよく知られた教育学者であり，その教育哲学の特徴は「体験学習」や「子ども中心主義」として知られている。デューイはシカゴ大学実験学校で実際に小学生対象の授業を行ない，その実践記録を踏まえて独自の教育学を提唱した。まずデューイはこれまで行なわれてきた既成の教育観を「旧教育」として批判する。旧教育とは，一人の教師が多数の子どもを教えるスタイルであり，ここでは子どもが主体的に学ぶことがない。「旧教育は，重力の中心が子どもの外部にある」「その中心は，教師，教科書，その他どこにあろうともかまわないが，とにかく子ども自身の直接の本能と活動以外のところにあるのである」（96頁[7]）。

デューイは学校の建物の構造を見てみるようにと言う。学校の教室には，同じ大きさの机が整然と並べられているだけである。「それらはすべて，「ものを聴くため」だけに作られたものである」（92頁）。つまり学校で児童生徒は教師から教えてもらう内容を聞くだけであり，自分から「学ぶ」という活動を行なう機会が与えられていない。これまでの教育では，教師が教えるべき教材を決め，そしてカリキュラムを作成し，生徒に対して一方的な授業を行なってきたのである。「この時間，この日，この週，この年相応の範囲までを履修することによって，最後にはあらゆる事柄が，余すところなく均等に出揃うのである」（95頁）。デューイはこのような「旧教育」を批判する。「伝統的な学校の教室には，子どもが作業することができるような場はほとんどない」（93頁）。

これに対して，新しい教育が行なわれなければならないとデューイは考える。これからは教師や教材が中心ではなく，子どもが中心とならなければならない。かつて天文学においてコペルニクスによって天動説が地動説へと是正されたように，現代の教育において中心点が教師や教材から子どもへと移行しなければならないとされる。「このたびは子どもが太陽となり，その周囲を教育のさまざまな装置が回転することになる。子どもが中心となり，その周りに教育についての装置が組織されることになるのである」(96頁)。

(2) 作業学習

このようにデューイは旧教育を批判するのであるが，デューイが主張する新教育の最大の特徴はどこにあるのであろうか。それは「作業」という観点である。デューイは学校において子どもが自ら作業する活動を多く取り入れるべきと考えている。かつて近代的な産業社会が成立する以前は家庭内で物を生産することが一般的であったが，現代においては大きな工場で生産活動が行なわれ，家庭と職業活動とが分離するようになった。デューイによると，本来は学校で生産活動の予備練習をせねばならないのであるが，実際の学校ではそのような活動は行なわれていない。新教育における学校では，子どもがさまざまなことを体験し，さらに「作業」する活動を行なっていかなければならない。たとえば工作作業や裁縫等のかつて家庭で行なわれていた作業を学校で行なわねばならない。そのような実際の作業を行なうことによって，子どもの「自発的な興味と注意が十分に喚起されることになる」(71頁)。

さらにデューイは「木材や金属を使っての作業，機織り，裁縫，調理」(71頁) なども学校教育に取り入れ，生活活動と密接に関わる作業教育を行なうべきと考える。このような現実の生活に関わる教育を取り入れることによって，知識が子ども自身のものとなる。さらにそのような作業を子どもたちが共同で行なうことによって，子どもの社会性も養われるとされる。「他の子どもを援助しようとすることは，かえって手助けを受けた者の力を失わせてしまうような一種の慈善行為ではなく，むしろ助けられる者の力を自由に発揮させ，その者にやる気をいっそう起こさせるような援助にほかならないのである」(74頁)。

たとえばデューイは子どもが織物に取り組んだ教育実践について述べている（79 - 83 頁）。まず子どもは原材料（亜麻，綿，羊毛など）を実際に手に取ってそれぞれを比較する。ここから木綿産業の発達が羊毛産業の発達に比べて遅れた理由を体験的に理解することができる。これは歴史の学習にもつながる。さらに子どもたちは繊維を布へと織り上げる体験から，効率よく羊毛をすくにはどのような工夫が必要かを探るようになる。これは物理学の学習につながる。このように作業学習はさまざまな科学的学習の基礎になるとされている。

それゆえデューイは学校の校舎における教室配置についても，独自の説を展開している。校舎を2階建てにして，まず1階には「工作室」，「織物作業室」，「食堂」，「調理室」を四方に配し，中央に「図書室」を設置する。そして2階には「物理実験室・科学実験室」「生物学実験室」「美術室」「音楽室」を四方に配し，中央に「博物室」を設置する。デューイは「作業」を重視し，単なる一方的な講義式の授業を否定しているので，さまざまな体験的な学びのできる教室を設置するよう主張する。さて校舎の中央に「図書室」や「博物室」が設置されているが，これは何を意味しているのであろうか。それぞれの体験的な学びを教室で学んだ知識に有機的な連関を作り，子どもに知の連関を身につけさせるために，図書室や博物室が重要な意味を持っている。「中央の部分には，図書室があるが，それはすべてが図書室に集まってくる，すなわち実際的な作業の進展に光明を投じ，それに意味と自由な強要的な価値を与えるために，必要とされるあらゆる知的資料を収集している図書室に，すべてのものが集まってくるような方式を表現しているのである」（141 頁）。

(4) 子どもの発達のプロセス

さてこのようにデューイは独自の教育学を述べているのであるが，子どもの発達段階ごとに学ばねばならない課題についても述べている。それは2段階に分けられる。第一段階はおおよそ4 - 8歳であり，この時期は子どもの個人的興味が直接的に現われる段階である（171 - 172 頁）。この時期の子どもの教材は，生活の題材から選ぶのがよいとされる。「遊戯，ゲーム，仕事，あるいは小さな工芸，物語，絵画的想像力，会話などの活動において，子どもがそのような教材をできるかぎり再現することができるようなものが選ばれるのである」(171頁)。これらの活動は身近な生活に関連して行なわれるので，現実生活と乖離しない形で子どもの興味が表現される。

第二段階は，おおよそ8－11，12歳である。この段階では単なる直接的な興味に基づくだけではなく，子どもが永続的な能力を持つことができるように育てることが重要になる。デューイはアメリカ史の学習を例にとっている。アメリカ史の通史的な知識を学ぶのではなく，その時々の出来事を深く掘り下げて学ぶことを求めている。「子どもたちがたんなる歴史的な知識としてではなく，人間の生活として，これら教材を再現することができるように，環境，道具，衣服，家庭用具，食料，日常の生活様式などの縮図を，その仔細にわたる事柄を多量に提示することを意味している」(174頁)。たとえば「ピルグリム・ファーザーズのプリマス到着」という事件から，アメリカの気候や交通路などの地理的な学習が行なわれる。さらに産業の発展した時期では，「紡ぎ車や織機におけるエネルギーの使用および転換」，「ベルや電信などのような電気器具や電気装置」(176頁)が学ばれるが，この学習では歴史と同時に物理学の学習が行なわれる。

(5) 知識と教養

さて以上のようにデューイの主張する教育について見てきた。子どもの興味や活動を重視する姿勢は現在の教育にも通じるところがあり，われわれが学ぶことができる点も多い。さてデューイの教育観の前提として，知識や教養に対する見方も従来とは大きく異なっていたことを見ておかなければならないであろう。デューイは次のように言う。「知識はもはや動きのない固体ではない。それは流動化されているのである。それは，社会それ自体のすべての流れのなかに活発にはたらいているのである」(86頁)。つまり従来は知識とは固定的なものであったが，現代においては知識それ自体が時代とともに変化していくものである。つまり知識は，人間が常に新しく作り出していくものであり，動的に捉えられなければならない。

他方，教養についてもデューイは従来とは異なった見方をする。従来はさまざまな知識を持っている人が「教養ある人」とされていたが，デューイはまったく異なる見方をする。「教養とは想像力の成長ということであり，それが柔軟性に富み，見通しをもち，共感感情をもつことができるような方向へと成長し，ついには，一人ひとり個人が営む生活が，自然や社会での生活によって満たされるような，そのような想像力の成長のことをいうのである」(124頁)。単に知識を持つのではなく，一人ひとりの人間が柔軟に生きることができることが教養の要件とされている。個人が社会生活を円滑に行なっていくのを助けるのは，個人個人の「想像力」である。現実生活に柔軟に対応できる想像力を身につけることが教養なのである。

5　ブルーナー（Jerome Bruner）

〈生涯〉 1915年生まれ。アメリカの心理学者。1959年に開催されたウッズホール会議で議長を務め，それまで主流であった経験主義的な教育方法に変えて，発見学習の立場から教育方法を提唱した。2016年没。

(1) ブルーナーと教育改革

戦後アメリカではデューイや進歩主義的な教育学者による影響を受けた教育方法が主導的であった。しかしその傾向が一変する事件が起きる[(8)]。それは1957年に起きたスプートニク・ショックである。ソビエト連邦の打ち上げた人工衛星スプートニクの成功は，アメリカ社会を驚かせた。アメリカは科学技術の分野において世界を牽引していると自負していたが，宇宙開発の領域においてソ連に大きく遅れをとったことが判明したのである。これは単に科学技術の問題ではなく，アメリカの安全保障に関する問題でもあった。そのためアメリカは急遽大きな改革をせざるを得なくなった。その一つが教育改革である。アメリカが科学技術の面でソ連に負けた一つの理由として，デューイのような子ども中心主義の教育では子どもたちに十分な学力を身につけさせることができなかったことがあると考えられた。そのため1958年連邦議会は国防教育法を成立させ，教育改革が実施された。このような歴史的な出来事が続く中で1959年ウッズホール会議が開催された。この会議には35名の高名な研究者が集まり，初等中等教育における教育方法の改善が議論された。ブルーナーはこの会議の議長を務め，新しい教育方法の提唱を行なったのである。

(2) 教科の構造

まずブルーナーは，学習の目的は単に個々の具体的な知識を学ぶことではなく，それぞれの教科に固有の知識構造を子どもが身につけることであるとする。たとえばある分野の技能学習が他の似た領域の学習にのみ役立つことは,「訓練の特殊的転移」と名づけられる。それに対してブルーナーは技能のような狭い領域の能力を転移させるだけではなく，ある分野の学習を一般的な観念の習得にまで拡張するよう主張する。そしてこのように汎用的な知識や技能を得ることを「非特殊的転移」と名づけている（21頁）[9]。ここでは特定の領域に狭隘化されることなく，観念がさまざまな領域に転移することが意図されている。「基礎的・一般的観念によって知識を不断にひろげ，深めるということである」(22頁)。

この一般的観念とは何を意味しているのであろうか。たとえば数学の学習は単に個々の公式の暗記が目的ではなく,「個々の数学的操作の背後にある通則」(26頁) を生徒が身につけることに目的がある。このような教育方法の開発は多くの研究者によって行なわれてきており，その教育方法は「帰納的方法」として探究されてきた。しかしブルーナーはこのような帰納的方法だけでは不十分であるとした。なぜなら子どもたちが共通の法則性を身につけるには，単なる経験のみによる帰納法では不十分であるからであり，別の要素が必要とされた。ブルーナーはその別の要素を,「発見」であるとしている。ブルーナーは次のように言う。「たんに基本的観念を提示する以上のなにかが必要である」,「重要な要素は，発見をうながす興奮の感覚である」(25頁)。つまり，単に冷静に法則性を抽出するのみではなく，情熱をもって法則性を発見しようとする子どもの態度こそが重要とされている。

このようなブルーナーは教育方法を「発見的教授法」(heuristic) と名づける。このような教授法によって，子どもははじめて「生きた」知識を習得することができる。逆にこのような生きた知識を身につけなければ，人間の持つ知識は生き生きとした関連性なくしては，簡単に忘れ去られてしまう。

「事実を，それが意味づけられている原理や観念と結びつけて組織することは，人間のもっている記憶が失われてゆく急速な速度をゆるめるただ一つの方法として知られている」(40 頁)。

(3) ラセン型教育課程

さてこのようにブルーナーは，教科に内在する観念を子ども自身が自分から発見していく教授法を提唱しているが，具体的に発達段階ごとにどのような教授法を想定しているのであろうか。奇妙なことに，ブルーナーは発達段階ごとの教授法を提示していない。逆にブルーナーは言う。どれほど難しい内容であったとしても，すべての発達段階の子どもに教えることができる，と。「どの教科でも，知的性格をそのままにたもって，発達のどの段階のどの子どもにも効果的に教えることができるという仮説からはじめることにしよう」(42 頁)。

たとえば数学の「集合論」を小学生に教えることは通常不可能と考えられる。しかしブルーナーはそれを可能であると考える。もちろん難解な言葉で集合論を教えても，子どもは理解できないであろう。しかし小学生に理解できる言葉へと専門用語を噛み砕いて教えれば，小学生も集合論を理解できるようになる (51 頁)。「どんなものでもたいてい年少の子どもたちが理解できる言葉で与えれば，子どもたちは大人たちより早く学習するものである」(50 頁)。同時にこの教授法は教師に大きな課題を投げかける。教師自身が難解な内容を自分自身で噛み砕けるほどにまで理解していなければならない。本当に教師が知識構造を理解していれば，その知識構造を年少の子どもにも教えることができるはずである。「教材を子どもたちが理解できる言葉で与えるということは，まったく面白いことに，教えるひと自身が数学を知っているということを意味するのである」(50 頁)。

さてこのようにブルーナーは難解な教育内容を避けることなく，子どもたちに教えてゆかなければならないと考える。ブルーナーは文学作品理解を具体例として挙げている (67 - 68 頁)。子どもに悲劇作品を理解させるのは難しいと避けるのではなく，それぞれの年齢に応じた悲劇作品を教えることが重要である。神話や子ども向けの古典，映画などが挙げられる。もし年少の頃に悲劇作品に触れなかったならば，そのような子どもは成長した時悲劇作品を理解できない，もしくは単に恐れを抱いてしまうという結果になってしまう。年少の頃に理解しやすい悲劇作品を教え，次第に複雑な悲劇作品をさらに教えていくことが望ましい。「大事なことは，文学に対するはじめの反応のうえにその後の教育がきずかれるということであり，その教育は悲劇の文学に関するより明確な，しかも成熟した理解を作り出そうと努めることである」(68頁)。

このように重要なテーマをできるだけ早い段階から子どもに教え，発達段階が進むにつれて何度も教えていく教育課程が提唱されている。このような教育課程は「ラセン型教育課程」と呼ばれる。子どもの成長は直線的に進行するのではなく，何度も同じテーマを繰り返し教えていくことが重要なのである。「できるだけ知的性格をそのままにたもち，またできるだけ早く教えはじめなければならない。それらの題材はあとの学年になって，さらに一度も二度もくりかえし展開されなければならない」(68頁)。

(4) 学習エピソード

さてこのように「教科の知識構造」を，「ラセン型カリキュラム」によって学ばねばならないとされるのであるが，子どもはどのように一つの教材を学ぶのであろうか。ブルーナーは学習において3段階の過程が含まれると考え，それらをまとめて「学習エピソード」と名づけている（60 - 62頁）。まず第1段階は「新しい情報の獲得」である。これは子どもにとってまったく新しい知識が教えられることを意味している。それゆえ，子どもが新しい情報をしばしば理解できず，受け入れられないこともある。たとえば新しい数学の公式や物理学の法則を学んだとしても，それらの知識を急に体得することはできない。

そして第2段階に進む。それは「変形」である。これは，新しい情報を自分なりに消化することである。この作業を経ることによって，子どもははじめて知識を自らのものとすることができる。そして次の第3段階に至って知識は確固たるものとなる。それは「評価」である。子どもが習得した知識・情報が，さまざまな課題において適切に課題解決に寄与しているかを「照合」

する。このような一連の作業によって子どもたちは知識体系を身につけるようになる。

(5) 直観的思考の育成

このように学習方法が述べられているが，さらにブルーナーは子どもが自分から学びを進める際に，2種類の方法があるとしている。一つは「分析的思考」による理解，もう一つは「直観的思考」による理解である。分析的思考とは，科学的な手続きを踏まえて，積み上げ式に理解していくことである。この方法は広く諸科学で採用されている方法である。この分析的思考は子どもに教えやすく，教授法としては確立しやすい。

それに対してわれわれが問題解決にあたるとき，突如として解答を獲得する時がある。決して系統立てて探求しているのではないが，あたかも雲間から火の光が照るように，答えを「悟る」ような時がある。このような思考法は「直観的思考」と名づけられる。しかしこのような直観的思考は，教師が教えうるものであろうか。「不幸にも，直観的思考の性格やそれに影響を与える要因に関して役立つ体系的知識はほとんどない」(72 - 73 頁)。分析的思考は帰納や演繹によって習得されうるが，直観的思考にはそのような方法は確立されていない。さらに直観的思考による解答は正しい場合もあるが，常に正しいとは限らない。場合によっては間違っていることもありうる。「一見したところ問題全体に対するあらわにあらわすことのできない感知にもとづいた操作を含むのがつねである」(74 頁)。

そもそも現実の生活においては分析的知識のみならず，直観的知識によって行為することは数多い。直観とはどのような状態を意味するのであろうか。ブルーナーは次のように言う。「直観は独力で一かたまりの知識を暫定的に秩序づけるものである」(77 頁)。「直観は自分が使える分析の道具にあらわに依存しないで，問題または事態の意味，重要性，または構造を把握する行為を意味している」(76 頁)。ブルーナーはこのように直観を定義した上で，直観の育成方法を提唱している。

その方法としてブルーナーは「当て推量」という方法を提唱している (79 - 84 頁)。教師が子どもに問題を提示する時，子どもに「当て推量」で答えさせて，その後に分析的方法でその当て推量が正しいか否かを検証することが，望ましい方法であるとされている。すべての問題において，分析的思考を用いる教師よりも，このような教師の方が直観的思考の育成に大きく寄与する。もちろん子どもの当て推量が間違うことが数多くある。しかし間違っていたとしても子どもを罰したりしてはならない。もし罰を与えてしまうと，子どもたちは大胆に推量することを躊躇し，分析的思考にのみ頼ってしまうことになる。「科学の場合にもまた生活の場面でも一般に，われわれは不完全な知識にもとづいて行為せざるを得ないことがしばしばある。つまり，われわれは当て推量せざるをえないのである」(82 - 83 頁)。

それではわれわれが「当て推量」によって直観的思考を伸ばすのは，われわれが有する能力のうちのどのような能力を基盤としているのであろうか。ブルーナーはそれを「類推」の能力であるとしている。ある問題が分からないとしても，それに類似した問題，あるいは簡単な問題を想起して，目の前の問題に適用することができる (81 - 82 頁)。このような方法によって直観的思考が育成され，さらには発見的教授法に資するとされている。

(6) 教育者の理想像

さて以上のようにブルーナーは，知識の系統性を子どもに教えることが可能であると論じ，従来の教育とは異なる教育方法を提唱している。従来のアメリカの教育では，子どもたちは知的関心に向かわず，話し合いに従事する等の体験的学習それ自体を重視する傾向にあった。その結果「高等学校の物理はまったく物理学らしくなくなっていること」(18 頁) が多く見られた。

教育課程の編成には，教師のみならず，一流の研究者の意見が反映されるべきとブルーナーは考える。「学者や科学者が，経験のある教師や児童発達の研究家と協力して仕事をするならば，われわれがこれまで考察してきたような種類の教育課程を準備できる」(41 頁)。

さらに教師のあり方についても述べられている。教師は単に教える者であってはならない。教師自身が常に新しい知識や技術を学習することによって，教師の力量をレベルアップさせることができる。さらに自ら学ぶという姿勢を子どもに見せることによって，子どもの模範ともなる。「教師はただ伝達者であるばかりでなく模範である」(116頁)。このようにすべての人々がともに学ぶことによって，一人ひとりが学ぶ「市民」が育成され，民主主義社会が成立するのである。

第5章　教育の歴史

本章では，18 世紀までのヨーロッパの教育の歴史と，江戸時代までの日本の教育の歴史を学ぶ。現在の教育につながる公教育制度がヨーロッパで成立したのは 19 世紀以降になるが，その基礎は古代から脈々と発展していた。

1　古代の教育

紀元前 8 世紀頃，現在のギリシアにポリスと呼ばれる都市国家が誕生した。普段は，ポリス間の争いが絶えなかったのだが，ペルシア帝国が侵入した場合には協力して戦った。その中で覇権を握ったのは，スパルタとアテネ（アテナイ）であった。

(1) 古代ギリシアの教育①　スパルタ

スパルタは，最盛期には約 40 万人の人口を擁し，人々は三つの階級に分かれていた。それは，軍役義務と参政権を持つスパルタ人（約 3 万人），軍役義務はあるが参政権のないペリオイコイ（約 7 万人），スパルタに征服された先住民で奴隷身分に属するヘロット（約 30 万人）から成っていた。普段，スパルタ人は政治と軍事に専念する戦士団という性格を帯びていたのに対し，ペリオイコイはスパルタの周辺地域に住み商工業に従事し，ヘロットは農耕に従事していた。スパルタは，経済的にヘロットの生産労働に依存していたのだが，同時にヘロットの反乱に苦しめられていた。また，ペリオイコイとヘロットの人口が圧倒的に多かったため，スパルタ人の教育は他のポリスよりも軍国主義的に行なわなければならなかった。

スパルタの教育は，紀元前6世紀にリュクルゴスによって作られた。ローマ時代にプルタルコスによって執筆された『英雄伝』にはスパルタの教育の特徴について，以下のようにまとめられている。

子どもは，6歳まで母親の手で育てられるが，7歳になると養育所に入れられ，共同生活の中で共通の訓練と教育を受けた。17歳までは男子も女子も同じような教育内容であった。体育については，児童期では競争，跳躍，相撲，やり投げ，軍事訓練が行なわれ，青年期ではこれらに加えて，剣術，水泳，狩猟，格闘技，舞踊（武器を持って行なう演武舞踏）が行なわれた。座学については，最小限の読み書き，リュクルゴスの憲法とホメロスの叙事詩の暗唱，簡潔明瞭な答弁の訓練がなされた。楽器（竪琴や笛）の演奏，讃美歌（さんびか），進軍歌は祭典や軍事で重要なものとみなされた。

このような教育は，少年については強い兵士となることが，少女については強健な子どもを産むために必要な頑健な体を作ることが目的となっていた。そのため，女子は社会的に名誉ある地位を占めていた。また，男子は18歳になると2年間の軍事訓練を経て，10年間の兵役についた。30歳になると兵役が終了し市民となり共同生活を離れるが，緊急時などの兵役義務は60歳まで続いた。女子は，男子のように軍事訓練を受けることはなかったが，各種の体操を行なって身体を鍛え，勇敢な精神を培った。

スパルタでは，市民の生活と教育はすべて国家の防衛という使命を担っているため，自分のために教養を積むことはできなかった。そこでは，上下関係が重視され，知育よりも徳育や体育が上であった。この意味において，スパルタという国家自体が巨大な教育の場であり，国を守る強兵を作るために，いわゆるスパルタ式と呼ばれる教育方法がとられたのである。

(2) 古代ギリシアの教育②　アテネ

強力な軍国主義体制のスパルタと比べて，アテネの民主政はよく知られている。アテネの国政は，全市民が参加する民会と，部族によって選出される評議会によって運営され，貴族と平民の区別はあまり見られなかった。アテネの民主政を確立したソロンは，アテネ市民の男子はすべて体操と音楽によって教育されるべきと定めたが，大きな拘束力は持たなかった。では，代表的なアテネ市民（男子）はどのような教育を受けたのか。

6歳までの子どもは，家庭において母親や乳母の監督の下で，神話や英雄たちの話や寓話を聞いて学び，さまざまな玩具を使って遊んでいた。また，道徳教育も教えられ，早い段階から羞恥心が教えられ，行儀の良い子どもに育てられていた。

7歳になると，子どもは母親や乳母の手から離れて，私立学校であるパライストラ（体操学校）やディダスカレイオン（音楽学校）に通い始める。その際に，優秀で教養のある奴隷から選ばれた，パイダゴーゴスと呼ばれる家庭教師が付き添った。パイダゴーゴスは，子どもを監督するとともに，飲食，着衣，忍耐など道徳を教え，この時期の子どもに対して果たした役割は大きかった。パライストラでは，五種競技，拳闘，舞踏，水泳などが行なわれた。ディダスカレイオンでは，初歩の読み書き・文法，楽器の演奏，ホメロスの『イリアス』『オデュッセイア』，ヘシオドスの『神統記』などの暗唱が行なわれた。子どもは，ギリシアの詩歌を暗唱することによって，ギリシア人としての生き方やあり方を習得していった。アテネはスパルタとは異なり，体育だけではなく教養も学び，調和的な人間形成が目指されていた。

16歳になると，子どもはパイダゴーゴスの手から離れ，准市民となり，国立のギムナシオン（高等体操学校）でより実践的な体育の教育が行なわれた。18歳になると，自由市民に登録されることにより，青年団に加えられた。そして，国境警備など軍務に従事する中で神々と国家に対する忠誠が証明されると，20歳でアテネ市民として認められる。市民になると，政治に参加することができるようになるが，成人後もギムナシオンに通って心身の鍛錬に勤めるべきであるとされた。

アテネの女子は，スパルタの女子に見られるような体操の訓練を受けることはなく，家庭内で母親や乳母から読み・書きの初歩，音楽，裁縫等の家事を教わった。

以上のように，古代ギリシアでは各ポリスによって別々の教育が行なわれた。その中で後世に影響を及ぼしたのは，スパルタとアテネの教育であった。

特に，ペルシア帝国との戦争で団結し勝利したことによって，古代ギリシアは全盛期を迎えたのだが，その後はポリス間の戦争が激しくなり衰退していった。それに代わって台頭したのはローマであった。

(3) 古代ローマの教育

共和政時代の教育

古代ローマの教育は，共和政期（前509－前27）と帝政期（前27－476）に分けることができる。前753年，ローマが建国され王政としてスタートしたが，前509年に王が追放され貴族が実権を持つ共和政に移行した。その後，ローマの領土が拡大するとともに，平民の発言権が強くなり，前287年のホルテンシウス法によって貴族と平民の権利が同等とされた。

共和政期の古代ローマでは，上流階級に属する市民の子どもの教育は家庭において行なわれた。家庭には多くの奴隷がいたが，母親によって直接養育された。ローマの母親は，社会的に地位が高く，家庭においては独立した責任ある立場であった。母親は，子どもに正しい道徳心や基本的な宗教感情を教えて，理想的な生活態度や人生観の基礎を築いた。7歳になると男子は母親のもとを離れて父親から直接教育を受け，女子は引き続き母親のもとで家事を教えられた。

前450年頃に成立した十二表法では，第四表で子どもの生殺与奪の権利（殺害，遺棄，譲渡）が認められるようになり，父親の子どもに対する権利が強大で絶対的になった。その一方で，子どもを自ら教育することも父親の義務であったため，子どもは毎日日課に従って父親と行動をともにすることがならわしであった。たとえば，子どもを農耕作業に参加させたり，乗馬，水泳，拳闘，剣術等が教えられたりした。また，初歩程度の読み・書き・計算が教えられ，十二表法が暗記させられることもあった。これらによって，父親は子どもにローマの伝統的精神と実際の生活に必要な知識・技術を学ばせて，将来的にローマ市民や軍人になる準備をした。

しかし，貧困な家庭や一般の家庭はこれらの教育を実施することはできなかった。前300年頃，ローマなどの都市にルードゥスと呼ばれる初等学校が現われる。この学校は，市場の路地裏や三叉路で開かれ，読み・書き・算が教えられた。

前2世紀にローマの版図がギリシアにまで拡大していくと，ギリシアのヘレニズム文化が流入するようになり，市民の間にはギリシア語やギリシア思想が好んで学ばれるようになった。そして，ギリシア語を学ぶための文法学校が設置された。この時代の文法は，現在の文法に相当する内容だけではなく，一般教養科目も含まれていた。つまり，ギリシア語だけではなく，ギリシア哲学・文学，算数，幾何，天文，地理，音楽なども教えられた。この学校の目的は，将来のローマ市民の生活に役立つと考えられた言語・文学を中心に，教養人としての基礎を培うことであった。

共和政末期の前1世紀になると，修辞学（弁論術）の教育を行なって，ローマ社会で指導者になるための修辞学校が設けられた。文法学校で養われた文法能力をさらに発展させるために，実践的な教育が行なわれた。ローマ人にとって，弁論で人々を説得する教養と能力は，公の生活の成功を左右する重要なものであり，弁論能力を備えることはローマ人にとって教育上の最高の理想であった。

帝政時代の教育

前27年，アウグストゥスがプリンケプス（第一人者）となることによって，帝政ローマがスタートした。初期の帝国は，領土が拡大を続け，地中海世界の覇権を確立するに至る。共和政時代後期に成立したローマの学校教育はそのまま継続した。当初，国家は学校教育に対して監督や介入をしなかったが，帝政時代に入ると保護と干渉を行なうようになった。そのため，私立であった学校にも変化が生じた。最初は，学校教育に対する保護政策が行なわれた。ヴェスパシアヌス帝（在位69－79）は，勅任教授制度を設け，任を受けた修辞学者に対して国庫から給料を支給した。アントニヌス・ピウス帝（在位138－161）は，一部の文法学者，修辞学者，哲学者に元老院階級の特権を与えるとともに，租税の支払いや兵役義務を免除した[(1)]。

しかし，帝政後期に入ると学校への干渉が行なわれるようになった。キリスト教の保護政策を転換し背教者と呼ばれたユリアヌス帝（在位361－363）は，キリスト教を信奉する教師の排除をかねて教師の検定を行った。さらに，ローマ帝国の東西分裂後に東ローマ皇帝テオドシウス2世（在位401－450）と西ローマ皇帝ヴァレンティニアヌス3世（在位425－455）は，425年に皇帝が唯一の学校設置者であると宣言して，皇帝の許可を得ないで学校を設置することを禁止した。

このように，ローマの学校教育は帝政前期には保護が，後期には干渉が行なわれ，公教育制度として整備されていった。しかし，その頃には修辞学校は空洞化していた。それは，政治体制が共和政から帝政に移行し，中央集権体制が強化されていくにつれて，政治的自由が失われていったためである。つまり，ローマ社会で出世するために必要とされた修辞学は形骸化し，上流階級が自分たちを他の階級と区別するための手段になったのである。ローマ時代の教育には，ギリシアが大きな影響を及ぼしていたのだが，西ローマ帝国が滅亡する476年以降はキリスト教を中心とした中世社会へと移行していった。

2　中世ヨーロッパの教育

476年，西ローマ帝国が滅亡したことによって古代は終わりを迎え，西ヨーロッパ世界はゲルマン民族による諸王国によって支配されることになった。この分裂状態を収束させたのはフランク王国のカール大帝（在位768－814）であり，800年にローマ教皇レオ3世によってローマ皇帝の戴冠を受けた。その一方で，東ローマ帝国は西ローマ帝国滅亡後も1453年まで1000年近く存続した。その期間は，中世ヨーロッパ世界が成立し解体していく期間とほぼ一致している。

(1)　中世初期の教育

当初，ゲルマン民族は土着の信仰を持っていたのだが，キリスト教に改宗していった。その中で，キリスト教の普及拡大を図るために，5－6世紀に聖職者を養成するための司教区教会学校や修道院学校が設立された。司教区とは，司教が管理する一定の区域のことを指していて，その区域をまとめている教会が司教区教会である。そこに付設された学校が司教区教会学校であり，人が多く集まる都市に設置されることが多く，都市の発展とともに拡大していった。一方，修道院学校は，一般的に人口の少ない田園や山間部に設置され，キリスト教本来の禁欲的な苦行を求める修行僧の共同生活の場であった。修道院では，一日7時間を農耕，建築，鍛冶，織物などの肉体労働に従事し自給自足の生活を送った。このことは，農地の開墾と農業技術の革新を担うことになり，農業生産の増大と封建社会の成立を推し進めた。

いずれの学校でも共通して教えられていたのは，7自由科と神学であった。7自由科は，文法，修辞学，論理学（弁証法）の3学（トリウィウム）と，幾何学，算術，天文学，音楽の4科（クワードリウィウム）からなっている。まず，中世ヨーロッパの共通語であるラテン語を学ぶために文系の3学を学び，発展科目である理系の4科を学ぶ流れになっていた。スペインのイシドールスは，それぞれの科目の特徴を以下のように説明している。「自由学芸には7学科がある。その第一は文法で，言語表現に習熟することである。第二は修辞学で，その豊麗な雄弁のゆえに市民生活における公的諸問題のために最高度に必要とみなされる。第三は弁証法で，これは論理学とも呼ばれ，その精緻を極めた論究によって真偽を見分ける。第四は算術で，数の比例計算や割算を含む。第五は音楽で，歌曲と詩からなっている。第六は幾何学で，土地の幅や面積を測定するための手段を含む。第七は天文学で，天文の諸法則を含む[(2)]」。これらの原点は古代ギリシア，ローマにあるのだが，直接的な起源は5世紀末の市民に必要とされた教養科目であった。自由7科は，7–8世紀頃に確立し，中世大学へと引き継がれていった。

(2) 中世大学の成立

11世紀から12世紀にかけて，農業の技術革新が進み生産性が向上したことによって封建社会の安定と人口の増加をもたらされた。フランスやドイツでは約3倍，イギリスでは約2倍に増加した。その結果，農業や手工業の余剰物が発生し，それらを交換するための商業が成立するとともに，交換を行なうための場として中世都市が誕生した。中世都市は，ヨーロッパ北西部やイタリアで発展し，領主からの自治権が確立していった。

また，この時期は十字軍の時代でもあった。1096年に第1回十字軍が始まり，1270年の第8回十字軍まで続いた。この遠征は失敗に終わり，教皇の権威が低下するとともに，封建領主や騎士が没落することにつながったのだが，地中海世界における商業や都市が発展するきっかけとなった。さらに12世紀には，西ヨーロッパ世界で失われたものの，東方世界で保存・発展されていた古代ギリシア・ローマやアラビアの学問が，西方に持ち帰られるということが起こった。西欧人がアラビア語で書かれていた学術文献をラテン語に翻訳して本国に持って帰ることによって，学問研究が促進された。これは，12世紀ルネサンスと呼ばれ，この延長線上に大学が成立するのである。初期の中世大学として，サレルノ大学，ボローニャ大学，パリ大学がある。

サレルノ大学

9世紀から10世紀，南イタリアのサレルノに，大学の前身となる医学校が成立した。南イタリアは，歴史的にギリシアからの移民によって発展していった地域である。また，他の地域に比べてギリシア語の文献がよく保存されていたサレルノの修道院があったため，医学の研究と実践への関心が高まっていた。1231年に，当時の神聖ローマ帝国皇帝フリードリヒ2世による勅令で大学（ストゥディウム・ゲネラーレ，中世大学）として認められたことによって正式にサレルノ大学が成立した。その後，大学組織が整備されていったのだが，その頃にはボローニャ大学やパリ大学に追い抜かれていたため，大学制度の成長には大きな影響を与えなかった。

ボローニャ大学

ボローニャ大学は，前身機関の設立時期はサレルノ大学よりも少し後であるが，高等教育の発展においてはるかに重要な位置づけである。ボローニャは，ローマ法の復活の中心地としてだけではなく，大学組織の前身となる学生組合がはじめて出現したことでもっとも注目するべき大学である。中世ヨーロッパの法体系では，ゲルマン民族の部族法に由来するゲルマン法と，古代ローマに由来するローマ法の二つからなっていたが，ローマ法は西ローマ帝国滅亡後衰退の一途をたどっていた。

ボローニャ大学の前身である法学校は，1088年に創立された。イルネリウス（1055‐1130）は，そこで法学を講義しながら，東ローマ帝国のユスティニアヌス帝が編纂（へんさん）した『ローマ法大全』を注解し，修辞学から切り離すことによって法学を学問として確立した。また，ボローニャ近郊に居住していた修道士のグラティアヌス（1100‐1150）は，多くの教令を精選し，教会法を理論的に体系化することによって，神学から分離して別個の科目に位置づけた。その後，1158年に神聖ローマ皇帝フリードリヒ１世によって権利や特権の正式な認可を受け，ストゥディウム・ゲネラーレ（中世大学）に移行した。

その頃になると，ボローニャは法学の拠点として認識されるようになり，イタリアだけではなくアルプス山脈を越えて数百人の学生たちが集まる場になっていった。多くの学生は，家庭から遠く離れ保護者もいなかったので，学生同士がお互いに保護し援助しあうために団結した。当時，イタリアの諸都市で一般的であった同業組合（ギルド）にならい，教師と学生の組合として大学（ウニヴェルシタス）が設立された。ウニヴェルシタスから一人の学長が選出され，教師を監督下に置いた。教師は受講生の聴講料で生活していたので，細かな規則を守る義務を負わされた。たとえば，1317年の規則では，「教授は一日たりとも許可なしに休講してはならないし，もし町の外に出たいと思えば必ず戻るということを保証するための供託をしなければならない(3)」としていた。

このように，ボローニャ大学は学生が主導する形で発展し，13世紀後半には哲学部や医学部が，14世紀中頃には神学部が設置され，1万人以上の学生数を擁していた。しかし，教授資格の免許権を盾にしてローマ教皇が介入したため，学生主導の伝統は次第に衰退していった。

パリ大学

パリ大学の起源は，パリ司教区のノートルダムに設置された司教区教会学校である。フランスの論理学者・神学者であるアベラール（1079‐1142）は，教会学校で神学と哲学の教師をしていた時に，その名声を聞きつけてヨーロッパ中から学生が集まったため，教師によってウニヴェルシタスが形成された。これは，教師という職業の同職組合（ギルド）であり，これが大学の起源となる。1150年頃に教会学校から大学（ストゥディウム・ゲネラーレ）

に移行したとされているが，公的に承認されたのはフランス国王フィリップ2世の特許状を得た1200年である。

学寮の誕生

12世紀のパリに起源を持つもう一つの大学制度が学寮であった。初期の学寮は，「単に支払い能力のない貧困学生のためにまかない付き宿泊所を確保する[(4)]」ために設立された。しかし，学寮が普及するようになると，多くの学生が居住するようになり，やがて学業（修行）の場ともなっていくことによって，固有の建物を有する組織になっていったのである。そして，次第に大学の活動の多くが吸収されるようになり，学生生活と教育の中心となっていった。というのも大学は建物や基金を持っていなかったのに対し，学寮はそれを持っていたからである。

13世紀に聖職者であるロベール・ド・ソルボンヌは，神学生のために学寮を設立した。これは，「コレージュ・ド・ソルボンヌ」と呼ばれ，後のパリ大学文学部と理学部の前身となった。また，イギリスのオックスフォード大学（1096年創立）とケンブリッジ大学（1209年創立）は，中世大学の学寮の伝統が現在でも残っている。そこでは，学寮（カレッジ）が大学生活の特徴を形成していて，社会生活の指導だけではなく，ほとんどすべての教育が行なわれるため，大学（ユニバーシティ）は単に試験を行ない学位を与える団体となっている。言い換えれば，多くのカレッジの全体を覆うものとしてユニバーシティがある。

学生と大学教育

では，学生はどのような教育を受けてきたのだろうか。大学の授業は，当時学問世界の共通言語であったラテン語で行なわれ，入学時にはラテン語を読み，書き，話す能力が求められていた。ラテン語を学ぶ方法は多様で，上流階級は家庭教師から，それ以外の多くの者は都市部のラテン語学校，学寮の文法教室，司教区教会学校や修道院学校などでラテン語を学んだ。大学への入学年齢は大学によって異なるが，たとえばパリ大学では13歳から14歳で入学し，まず7自由科などの教養科目を学芸学部（哲学部）で6年程度学ぶ。2回の学科試験と10回の討論に合格すると，バカラリウス（教授資格は与えられていないが，教授の監督の下で講義を行なう上級の学生）の資格を得ることができる。その後，神学部（聖書の解釈など），法学部（ローマ法の注解など），医学部（古代ギリシアのヒッポクラテスの古典解釈など）に進み，マギステルの試験に合格し学位を得ると，学芸学部での教授資格が得られ教師組合に入会することができた。教授になり教師集団の一員になるのは，最低でも35歳頃とされた。

（出所）Laurentius de Voltolina, Liber ethicorum des Henricus de Alemannia, single sheet. Scena: Henricus de Alemannia con i suoi student, second half of 14thcentury.

図1　ボローニャ大学での講義の様子（14世紀後半）

大学教育は，講義・演習・討論で行なわれた。現在とは異なり，印刷技術が未発達で本は貴重品で入手が困難であったため，書写しなければいけなかったのだが，その方法が教師による講義であった。貴重な本を教師が読み上げて，学生がそれを書写するのである。また，評価も現在のようなペーパーテストではなく，討論による試験が一般的であった。たとえば，哲学者の著作に出る命題をテーマに，学生同士で討論してそれを教師が評価する方法で行なわれていた。

(3) 騎士の教育

騎士とは，甲冑を装備して馬に乗り，主に槍・剣・盾で戦う職業である。古代ギリシア・ローマ時代から存在はしたが，中世になると侵略者からの教会の保護や異端を征討するための軍事力として組織化されていった。8－9世紀頃には法的身分を獲得し，11世紀末から始まる十字軍遠征の時期には最盛期を迎え，独自の騎士文化を形成した。

騎士の資格を得るためには厳しい教育を受けなければならなかった。まず，

6－7歳になると，親元を離れ主君の宮廷や領主の館に小姓として使えるようになる。そこで雑用をしながら，宮廷での作法，読み書き，舞踊，将棋，作詩などを学んだ。14歳頃になると，従者となり，甲冑の手入れや馬の世話，狩猟を通じての鍛錬，槍術・剣術・乗馬といった戦いの技術を学ぶ。そして，21歳になると，騎士になるための叙任を受けて騎士になる。叙任は，騎士道の宗教的側面が強かった。騎士志願者は，司祭による剣の祝福を受け，教会を守護し，不義を打ち，聖職者を尊敬し，婦人や貧者を保護し，国家の財産を守り，同胞のために命を捧げることを誓った。

以上のような訓練において，文学的要素はごくわずかであった。中世初期には，書く能力はあまり必要とされていなかったのだが，中世後期になると読み書き能力が上流階級の男女には必要不可欠になった。それに加えて，騎士道用語としてのフランス語の知識および吟遊詩人の唱歌や音楽も必要とされるようになった。

13世紀末以降，イギリスやフランスにおいて国王による中央集権化政策が進行する中で，国王が叙任権を独占するようになった。その中で騎士は神にではなく国王に奉仕するようになり，騎士制度は王政の特権階級としての貴族制度に移行するようになった。このようにして，キリスト教との関係が深かった中世の騎士道は死滅するようになった。

(4) 都市学校

中世都市は，10世紀頃から司教区教会や修道院に設けられた市場に商人が定住することから始まった。商人は，取引を独占するために商人ギルドを結成し，手工業者は技術を独占するために手工業ギルド（ツンフト）を結成した。都市は，商工業を発展させるために自由と自治を求め，領主からの自治権を確立していった。

13世紀から14世紀になると，ヨーロッパ各地の商業都市に市民階級のためのラテン語学校が設立された。そのためには，市によって建設許可を受け教会の同意を得なければいけなかったが，既存の司教区教会学校や修道院学校と競合することからさまざまな干渉を受けた。特に，その認可の是非，管理権の所在，教育内容の制限などで市と教会が対立することが多く，ローマ教皇・国王・領主による調停が行なわれることもあった。ラテン語学校では，生徒は6－7歳で入学し，アルファベットから祈祷文の読み方，ラテン語の文法，ギリシア語などを15歳くらいまで学んだ。その後の進路は，親の家業継承，官吏，大学進学であった。初期の教師は，聖職者であった。

中世末期の15世紀になると，封建社会の解体が決定的になり，商人や手工業者のための国語学校が作られるようになった。読み・書き・算，賛美歌，宗教，ラテン語などが教えられた。商人や手工業者の子どもは，6歳から学校に通い始め，4－5年間で読み・書きやラテン語の文法を学んだ後，2年間算術の学校に通い，12－14歳で仕事を始めるのが一般的であった。

3　宗教改革とヨーロッパ諸国における教育改革

1453年，コンスタンティノープルが陥落し1000年近く続いた東ローマ帝国がオスマン帝国に滅ぼされたことによって中世は終わりを迎えた。その際に，多くの知識人や学者が古代ギリシア・ローマ時代の文献を持ってイタリアに亡命したことは，ルネサンスや人文主義（ヒューマニズム）の発展に大きな影響を与えた。教育の理念は，神中心から人間中心に転換していった。イタリアでは人文主義は教会制度に保護されて発展していったのに対し，ドイツでは神中心を推進してきた教会批判に向かうようになった。

(1) ルターの教育論

ドイツのマルティン・ルター（1483－1546）は，1517年に「95箇条の論題」を発表した。これは，当時カトリック教会が聖ピエトロ大聖堂の建設費を集める名目で，贖宥状（しょくゆうじょう）（免罪符）の発行を乱発していたことに抗議することが目的であった。ルターは，原典による神学研究によって，罪を許されるのは善行や献金ではなく「信仰のみ」によること，神の言葉は教皇からではなく聖書からのみ知ることができる「聖書主義」，そして神の言葉はすべての人に直接的に聖書を通じて読まれなければいけない「万人司祭主義」を唱えた。

ルターは，1524年に『ドイツ全市の市参事会宛：キリスト教精神の学校設立・運営』（*An die Ratsherrn aller Städte der deutschen Landes, daß sie christliche Schulen aufrichten und halten sollen*）を記し，すべての市参事会に学校の設立を求めた。その理由は，聖書主義と万人司祭主義を徹底するためには，誰もがドイツ語や聖書を読むことができなければいけないと考えたためである。この学校では子どもたちに男女や貴賤を問わず1－2時間，聖書とドイツ語の初歩を学ばせるべきとルターは主張した。また，就学の成果を上げるために，子どもを就学させる義務を親に課す一方で，都市参事会には子どもの就学を強制する権限が与えられるべきとした。このように，義務教育を主張している点では，ルターの教育論は近代公教育制度の萌芽と言える。

(2) プロテスタント（福音派）による教育改革

当時ドイツを支配していた神聖ローマ帝国は，名目上は古代ローマ帝国の継承国家であるが，その実態は多数の領邦国家からなる連合体であった。中世大学については，1386年設立のハイデルベルク大学を皮切りに15世紀にかけて一部の領邦国家で大学が設置された。ルターによる宗教改革が始まった時期には，大学の下にラテン語学校が設置されつつあった。ルターの主張は，ローマ教皇や神聖ローマ皇帝に不満を持つ諸侯だけではなく，一部の聖職者，一般民衆に至るまで幅広い支持を受けた。カトリック教会から離れたプロテスタント諸侯は，ルターの教育論に基づいて学校改革を推進していった。

シュトラスブルク（その後フランス領になったため現在はストラスブール）では，現在のドイツの中等教育機関であるギムナジウムの原型がはじめて設立された。当時帝国自由都市であったシュトラスブルクでは，早い段階からプロテスタントが受け入れられた。シュトルム（1507－1589）は，1537年にラテン語学校の立て直しを依頼され，翌年三つのラテン語学校を一つに統合し校長になった。この学校は，6歳の子どもが入学する9年制の学校で，ラテン語で教えられ母国語は尊重されなかった。教育目標は，敬虔，知識，表現の三つであり，中でも敬虔＝信仰は教育の中心であった。最初に基礎的なラテン語の文法と読解を学んだ上で，文法，修辞学，論理学からなる三学や，哲学，数学，文学が教えられた。この教育課程は，大学に進むことが想定されていたので，大学では一般教養科目よりも専門科目を重点的に教えることができるというメリットがあった。シュトラスブルクのギムナジウムをモデルにして，多くの都市にギムナジウムが設立された。

ドイツ南西部のヴュルテンベルク公国では，ヴュルテンベルク公クリストフの下で，1559年に学校規程(Schulordnung)が定められ，ラテン語学校，修道院学校，ドイツ語学校の設置が提唱された。同国では，すでに1477年にテュービンゲン大学が領邦大学として設置されていたが，この規程はその下につく学校組織を具体化したものであった。この規程では，学校は「公正，賢明，博識，有能でかつ敬虔な人材」を育てるために神によって定められた手段であるため，大小の都市だけではなく，主要な町村にはラテン語学校を設置し，各学校に教師を置かなければならないとしている。ほとんどのラテン語学校は，2-3年制の不完全な教育課程でパルティクラル・シューレと呼ばれたが，首都シュトゥットガルトに設置されたラテン語学校のみは5年制の完全な教育課程が提供されペダゴギウムと呼ばれた。大学には，ペダゴギウムを卒業した者だけが行くことができた。このほか，規程では各学年のカリキュラムや時間割だけではなく，教師の選任や監督に至るまで事細かに定めている。

ヴュルテンベルクの学校規程でもっとも有名なのは，修道院学校である。すでに1535年と1556年の修道院規程によって，13の修道院が学校に転換され，この学校で3年間の教育を修了した者は，テュービンゲン大学の修道院学寮に進むことができるようになっていた。学校規程は，修道院学校をパルティクラル・シューレ（不完全な教育課程のラテン語学校）から大学への進学を可能とする橋渡し的な位置づけへと変更するとともに，貧しい家庭の出身で才能のある者を聖職者にすることを可能にした。入学は試験で行なわれたが，志願者は12－14歳の健康で，かつ貧しい家庭の出身であること，ラテン語学校の第4または第5学年相当の学力を有し，人物，成績，資産などを当局に証明することが求められた。また，入学の際には将来聖職者になる旨の誓約書が必要であった。在学年数は明確ではなかったが，成績優秀と認められた16－17歳の生徒100名が奨学金によってテュービンゲン大学修道院学寮に入寮して神学部に通っていたという記録が残されている。

最後にドイツ語学校について少し触れられている。すべての子どもに読み，書き，算，唱歌，宗教がドイツ語で教えられること，男女別席の原則，進度による3グループ編成法が示されている。1559年の学校規程は，当時のドイツではじめての初等・中等教育を定めたものであり，ヴュルテンベルクでは学校が近代化される19世紀初めまで有効であった。[5]

ドイツ東部の有力諸侯のザクセン選帝侯国では，1580年に学校規程（Schulordnung）が制定されたが，ヴュルテンベルクの学校規程がモデルになっていた。ラテン語学校（パルティクラル・シューレ）とドイツ語学校が規定されていた点はヴュルテンベルクと同じであったが，修道院学校ではなく侯国立学校（フュルステンシューレ）が規定されたことはザクセンの特徴である。フュルステンシューレは，もともとはザクセン選帝侯モーリッツが没収した教会財産を元手にして1543年に設立したものである。この学校は，聖職者養成といった宗教的要素はなく，入学者は貧しい家庭の出身者に限定されることもなく，聖俗を問わずエリートを養成するための中等教育機関，つまり大学への進学を目的とする古典語学校であった。フュルステンシューレは，一般的なパラティクラル・シューレよりも上に位置づけられていた。入学者は，君主一族，都市や貴族による推薦によって決まった。

このように，神聖ローマ帝国のプロテスタント諸侯は，ルターの教育論に基づいて3種類の中等教育機関が設立された。それは，中等教育機関のラテン語学校，大学への進学準備教育を行なう修道院学校またはフュルステンシューレ，初等教育機関のドイツ語学校であった。

(3) 反宗教改革による教育改革

宗教改革が進むについてカトリック教会の地盤沈下が進んでいった。そのため，宗教改革に対抗する反宗教改革が行なわれるようになった。トリエント公会議（1545－1563）は，教皇至上主義を確認し異端の取り締まりの強化を決めるとともに，学校教育がプロテスタントと同様に重視されるようになった。特に，民衆が聖書を学ぶことと文字を読むことを認め，司教区教会学校の再興が目指された。

この主な担い手となったのは，イグナティウス・デ・ロヨラ（1491－1556）

を中心とする7人の同志によって設立されたイエズス会であった。1549年に日本ではじめてキリスト教を布教したフランシスコ・ザビエル（1506－1552）も同志の一人である。イエズス会は，軍隊に似た厳しい戒律と階級を持ち，禁欲生活と異端との闘い，海外への布教を積極的に行なった。また，ローマ教皇庁から学校設立と学位授与の権限を与えられたことにより，中等教育機関のコレージュが多数設立された。その範囲は，フランス，イタリア，スペイン，ポルトガルといったカトリック教国だけではなく，インド，中国，日本にも設立された。日本では，コレジオがそれに相当する。

コレージュは，10歳頃の子どもが入学し，6年間，ラテン語，ギリシア語，ヘブライ語などの古典語の文法と修辞学が教えられた。その教育課程は基礎課程と呼ばれ，その上に3年制の哲学課程と4年制の神学課程が設けられた。二つの上級課程は，基礎課程で教える教師や神学のエリートを養成するコースであった。教育方法は，主に反復練習が行なわれるとともに，褒章を制度化し生徒同士の競争も盛んであった。コレージュの数は，1600年には200校程度であったのであるが，1706年になると769校にまで急増していった。短期間にその数を増加させたのは，学費が低く抑えられていたことだけではなく，その教育活動が当時の要求に合っていたからでもある。たとえば，生徒への行き届いた指導・監督，古典語教育における作文の重視は，保護者の強い信頼を勝ち取ることを可能にした。当時聖職者，裁判官，財務官，外交官，公証人，医師になるためには古典語の習得は必要不可欠であったため，コレージュの教育は貴族や都市市民層から強く支持されていた。

以上のように，16世紀から17世紀前半までのヨーロッパでは，プロテスタント諸国ではルターの教育論に基づく教育改革が，カトリック教国ではイエズス会が主導する教育改革が行なわれた。この流れは，19世紀以降の教育改革につながっていくことになる。

4　産業革命の時代

18世紀にイギリスで始まったのを皮切りに，産業革命がヨーロッパ各地に波及するようになる。そのような中ですべての子どもを対象とする近代学校

（出 所）Giovanni Migliara, *Confalonierie Pellico Alla applicazione del method Lancaster-Bell di mutuo insegnamento*, 1860s.

図 2　イタリアにおけるモニトリアル・システムの実践（1860 年代）

が設立され，一斉授業が普及していった。

産業革命が起こったイギリスでは，農村から多くの労働者が集まり急速に都市化が進んでいった。当初は，労働者の子どもも大人と同様に工場労働を行なっていたのだが，工場法の制定などによって法的保護が加えられるようになった。その結果，両親が工場労働をしている間は，児童を学校に集めて教育するようになったのである。しかしながら，当時の教育は個人教授が主流であり，多くの子どもを教育するのは非常に困難であった。そこで考えられたのがモニトリアル・システムである。

この教授法を考案したのがイギリス国教会の牧師のベルであり，それを実践したのが教師のランカスターである。従来の個人教授では限界があるため，教授内容を整理してクラスを設け，生徒を教科別・進度別にクラスもしくはクラスを分割したグループ（ベルは 24－36 人，ランカスターは 10－12 人を想定）に分け，この集団ごとに上級生から選ばれたモニター（助教）を配置して，教師の監督と指揮の下で教育・管理を当たらせることにより，1 学校・1 教師で数百人から 1000 人までの大量の生徒を教育しようとする教育方法であった。

5　近代以前の日本における教育の歴史

最後に，江戸時代までの日本の教育の歴史について学ぶ。明治時代以降の教育は，ヨーロッパから近代教育が輸入されたことによって確立していったのだが，その源流は江戸時代以前にまで遡ることができる。中世の名高い教育機関として，金沢文庫，足利学校，寺院における教育，キリシタン学校がある。江戸時代の教育機関は，藩校，寺子屋，私塾，郷学がある。

(1) 中　世

金沢文庫

武蔵国金沢[6]（神奈川県横浜市金沢区）の金沢(かねさわ)文庫は，鎌倉時代を代表する教育機関である。鎌倉幕府の執権北条氏一門の北条実時（1224 - 1276）は，好学の蔵書家として知られ，執権の側近や補佐を務めながら多くの書籍を収集・書写した。実時は，金沢の別邸の中に寺院（称名寺(しょうみょうじ)）を建立し，その境内に別棟を設けて，内外から集めた書籍，絵画，器物，文具などを納めた。実時の死後，北条氏の保護のもとで，これらの収集物は金沢文庫として称名寺の文庫に継承され，蔵書の充実が図られた。金沢文庫は，北条氏や称名寺の僧侶に利用される図書館の役割を果たしていた。

鎌倉幕府滅亡（1333 年）によって金沢文庫は衰退したが，書籍自体は命脈を保った。蔵書の一部は，足利学校，後北条氏（小田原北条氏），徳川家康，前田綱紀（加賀金沢藩主）などによって持ち出された。金沢文庫本として現存する書籍は，仏書，漢籍，国書など約 1 万 2000 点にも及んでいる。

足利学校

室町時代の代表的な教育機関として足利学校がある。学校が設置された下野国足利（栃木県足利市）は，室町幕府で征夷大将軍を輩出した足利氏発祥の地である。足利学校がいつ創設されたのかは諸説あり明確ではないが，室町時代前期には衰退していた。関東管領上杉憲実（1410 - 1466）は，1432 年足利の領主となり再興に向けて動き始めた[7]。1439 年，憲実は足利学校に漢籍を寄付するとともに，鎌倉から円覚寺の快元を校長として招待した。1447 年，憲実は 3 か条の規定を定めて教育内容への干渉を行なった。学校では，それまで儒教と仏教を柔軟に学ぶことができたのだが，儒教（三註，四書，六経，列子，荘子，史記，文選）に限定し，仏教の経典は寺院で学ぶべきとして教育内容から削除した。学費は無料であるが，学生は入学すると僧籍に入った。卒業生は，地方における教育指導者や武士への助言者になった。

16 世紀になると，戦国時代に移行し，儒学だけではなく，兵学，易学，天文学，医学なども教えられるようになった。これは，戦乱の社会における軍事行動や戦場医療に対応するためであり，足利学校の卒業生は，戦国大名に重宝されそのブレーンとして活躍した。宣教師フランシスコ・ザビエルは，イエズス会向けの通信の中で「日本国中最も大にして最も有名な坂東のアカデミー（坂東の大学）」と伝え，海外にまでその名前が伝わっていた。このように，足利学校は公開の教育機関として，室町時代から戦国時代にかけて時代のニーズに合った教育が行なわれていた。しかし，江戸時代になると少しずつ衰退を続け，貴重な蔵書を保管する図書館や足利藩の藩校として存続していったが，明治初期の足利藩の廃藩によって廃校となった。

寺院による世俗教育

寺院はもともと僧侶の養成機関であったのだが，鎌倉時代になると将来出家をしない武士・民衆の子どもを受け入れ，文字の読み書きやしつけを教えるようになった。寺院では，仏教の平等思想に基づいて貴賤の別なく，すべての子どもたちの教育が行なわれた。一般的に 6 – 7 歳の子どもが入学し，11 – 12 歳になると卒業した。教育内容は，手習いとして「いろは」から漢字へと教えられていった。寺院では，僧侶と寝食をともにするため，子どもたちは毎日の生活の中で行儀作法や道徳を学んだ。このような現象は，大寺院だけではなく，地方の小寺院にも多く見られるようになった。支配階級の武士だけではなく，民衆も中世における商工業の発展によって，文字学習への要求を高めつつあったのである。

キリシタン学校

1549 年，フランシスコ・ザビエルが日本ではじめてキリスト教の布教を始めてから，九州を中心に急速に信者の数が増加していった。イエズス会東インド管区の巡察師として来日したヴァリニャーノ（1539 – 1606）は，キリスト教の普及を拡大するためには日本人司祭の育成が必要と考えて司祭養成のための教育機関を設置した。それらは，初等学校，セミナリヨ，ノビシヤド，コレジオからなっていて，一般的にキリシタン学校と呼ばれている。

初等学校は，キリスト教徒の子どもに基礎的な知識を教えることを目的に，

1561年に府内（大分県大分市）に設置された。その後，九州・近畿地方を中心に1583年には200校近くにまで急拡大した。教育内容は，読み，書き，キリスト教育の教義，作法，唱歌が教えられた。児童数は，数十人程度のものから最大で数百人規模にまで達した。

セミナリヨ（神学校）は，聖職者を目指すための「小神学校」で，対象は10歳から18歳までの子どもであった。セミナリヨは，ヴァリニャーノによって1580年に近江国安土（滋賀県近江八幡市）と肥前国有馬（長崎県南島原市）に設置された。学校では，キリスト教，ラテン語，地理学，天文学，美術，音楽など当時最先端の西洋式教育が行なわれていた。卒業後の進路は，イエズス会入会，教区司祭，伝道師であった。

ノビシヤドは，イエズス会士の養成機関で1580年に豊後国臼杵（大分県臼杵市）に設置された。セミナリヨの優秀な卒業生にイエズス会の入会を認め，2－3年間修練と呼ばれる厳しい訓練が課せられた。当初は，戦国大名の大友宗麟の保護を受けていたのだが，大友氏の没落によって，長崎，有家，天草へと移転していった。

コレジオは，聖職者養成の神学校の最高学府で大学に相当する教育機関であり，ノビシヤドと同じ1580年に府内に設立された。コレジオは，ノビシヤドの修行を経た者に入学を認め，イエズス会司祭の養成を行なう「大神学校」として位置づけられた。その教育課程は，2－3年間の人文課程，4年間の哲学課程，4年間の神学課程からなっていた。人文課程は，ラテン語・ラテン文学のみを学ぶ学士課程に，哲学課程は論理学，心理学，哲学，倫理学を学ぶ修士課程に，神学課程は博士課程に相当した。最初に設置されたコレジオは1586年まで府内にあったが，九州統一を目指す島津氏の焼き討ちにあったために消失し，さらに1587年の豊臣秀吉による宣教師追放令によって細々と活動することを余儀なくされ，島原の加津佐，天草，長崎へ転々とした[(8)]。

このようにキリシタン学校では，初等教育を行なう初等学校，中等教育を行なうセミナリヨ，高等教育を行なうコレジオに分かれる組織的な教育が行なわれていた。これは，明治時代に始まる近代的な学校教育制度の原点であるように見えるのだが，徳川幕府によるキリシタン弾圧（禁教令，鎖国政策）によって日本に定着する機会を失って消滅した。

(2) 江戸時代

江戸時代は，1603年に徳川家康が征夷大将軍に任命されて江戸に幕府を開いてから，1868年に元号が慶応から明治に改元されるまでの約260年間である。200年以上にわたって平和が維持された江戸時代は学問の発展が著しく，教育の普及も急速に進み，後期には「教育爆発」と言われるほどであった。江戸時代は，全人口の1割に満たない支配階級の武士と，被支配階級の庶民とに分けられる。江戸時代の教育は，幕臣の教育，藩士の教育，庶民の教育に分けることができる。

昌平坂学問所

将軍直属の家臣である旗本・御家人[9]の子弟を対象にした教育機関は，昌平坂学問所（昌平黌（しょうへいこう））（**図3**）であった。その前身は，林家の家塾（林家塾（りんけじゅく））であった。1633年，林羅山は江戸上野に儒教に基づく私塾を発足させた。1691年に湯島の昌平坂に林家塾が移転した。1790年の寛政異学の禁によって朱子学が奨励され，1797年までに学問所の経営は林家から切り離し幕府直属となり，名称も昌平坂学問所に変更された。教育内容は，経学（四書・五経），史学（史記），文学（陶淵明，白楽天など）であった。授業の方法は素読，会読，輪講，講釈などであった。

学問所は，当初は幕臣の子弟のみが対象であったのだが，幕臣以外の子弟の入学も認めるようになった。また，幕臣の子弟は入学を義務づけられているわけではなかった。そのため，幕末になると教育内容が現実から乖離したものとなり，生徒数が減少していった。学問所は，1868年に明治政府に引き渡され，東京大学，筑波大学，お茶の水女子大学などの前身機関となった。

（出所）東京大学史料編纂所「昌平坂学問所」

図3　昌平坂学問所における講釈の様子

藩　校

藩とは江戸時代に知行が1万石以上を領有する大名が支配した領域のことである。江戸時代から廃藩置県（1871年）までの間に，藩士の教育のために，藩が公的に組織し，公費で維持・運営した教育機関が藩校である。有名な藩校として岡山藩の岡山学校，萩藩の明倫館，熊本藩の時習館，名古屋藩の明倫堂，鹿児島藩の造士館，米沢藩の興譲館，金沢藩の明倫堂，会津藩の日新館，津藩の有造館，水戸藩の弘道館などがある。

表1　藩校の設置状況

年代	西暦	設置数
寛文～貞享	1661～1687	4
元禄～正徳	1688～1715	6
享保～寛延	1716～1750	18
宝暦～天明	1751～1788	20
寛政～文政	1789～1829	87
天保～慶応	1830～1867	50
明治1~4	1868～1871	36
年代不明		4
合計		255
藩校の存否不明		21

（出所）石川謙『日本学校史の研究』小学館，1960年。

石川謙は，1869年の総藩数276藩の中で255藩が藩校を設置していることを確認している。その詳細は，**表1**のとおりである。全藩校の60％に当たる157藩が宝暦年間から慶応年間に藩校を設置している。このことから藩校は，江戸時代後期以降に急速に発展した教育機関であることがわかる。

藩に属する武士の子どもは，7－8歳頃に入学し15－20歳で卒業し，藩校外で武芸の鍛錬を続ける者や藩に出仕するのが慣例であった。昌平坂学問所とは異なり，多くの藩では藩校への入学は強制された。

教育内容は，まず四書五経を学んだ後に，武芸を学んだ。四書は，「論語」「大学」「中庸」「孟子」からなり，五経は「易経」「書経」「詩経」「礼記」「春秋」からなっていた。入学後に四書五経など経書を読む素読から学習が始まり，教科書の意味内容を理解する講義を受けた。その後，経書や歴史書を用いて演習を行なう会講，会読，輪講に参加した（**図4**）。多くの生徒は，この時点で卒業するのだが，成績優秀な生徒は荘子・荀子など中国の諸子百家の書について一人で理解を深める看書，疑問点を儒学者に問う質問などにより学習能力を高めていった。

藩校は，廃藩置県とともに廃止されたのだが，多くは戦前の旧制中学校，戦後の新制高等学校へと発展していった（一部は小学校，大学へと系譜が連なる)。

（出所）沢田名垂「日新館教授之図」

図4　藩校（日新館）における輪講の様子

寺子屋

寺子屋とは，庶民階級の子どもに読み，書き，算や実務的な知識技能が教えられた民間教育施設である。その起源は，中世の寺院による世俗教育にあり，江戸時代に入ると学習者が寺子と呼ばれたことから寺子屋と呼ばれるようになった。江戸時代中期以降，都市部を中心に商業が発達していくにつれて，寺子屋も拡大していった。

寺子屋の師匠（教師）は，同時に経営者でもあり，身分は武士，僧侶，医師，神主などさまざまであった。性別は，全国的には男子が圧倒的に多かったが，江戸のような大都市では女子の師匠も多く存在した。寺子屋の経営は，師匠自身が本業を持っている場合や財政援助がある場合を除いて，保護者からの収入に依存していた。それは，入学金に相当する束脩（そくしゅう）と授業料に相当する謝儀（しゃぎ）からなっていた。

寺子（学習者）の入学（寺入（てらいり））年齢は，7歳から9歳であった。在学期間は，3年から5年で卒業（下山）することが多かった。というのも師匠と寺子との個人教授が中心であり，現在の学校教育のように画一的ではなかったためである。たとえば，農民の子どもであれば，農繁期になれば学習を中断することが一般的であったので，寺子の都合に合わせて授業が行なわれ，学力がついたと判断した時に卒業したのである。

寺子屋の教育目標は，文章を読んで書けるようになること，社会生活に必要な知識を得ること，道徳的素養を身につけることであった。一日の流れとしては，午前中は多くの子どもに対する手習いが行なわれ，午後に読書，算術，修身などの選択科目が講義形式で行なわれた。一般的な寺子屋のイメージは，**図5**のような手習いで，師匠は叱ることはなく丁寧に指導することが多かった。手習いは，いろは・村名・町名・数字・苗字・商売往来・庭訓往来・消息往来・千字文などが用いられたが，特に有名なのは「往来物」である。

往来物とは，平安時代後期から明治時代初期にかけて往復書簡などの手紙類の形式をとって作成された初等教育用の教科書の総称である。南北朝時代末期から室町時代初期にかけて成立した庭訓往来，農民向けの田舎往来，農業往来，百姓往来，商人向けの商売往来，問屋往来，呉服往来が代表的な往来物である。

（出所）一寸子花里「文学ばんだいの宝」寺子屋の筆子と先生，1844年から1848年の間。

図5　寺子屋における授業の様子

私　塾

私塾は，志のある者が自発的に幕府や藩の許可を受けることなく自由に開設した教育機関である。寺子屋よりも高いレベルの教育が行なわれ，専門的な学問や技芸が研究・教授された。生徒は，教師の学問や人格を慕って入門するため，生徒の構成は年齢，能力，出身地などが異なっていた。教師は，指導にあたっては生徒の個性と能力を重視し，自主的な学習を旨としていた。

私塾の専門分野は，漢学・国学，医学（東洋，西洋），蘭学，算術，書道など多様であるが，漢学を教える漢学塾の数が多い。しかし，幕末になると，蘭学や西洋医学を教授する私塾が台頭するようになった。有名な私塾として，漢学塾では中江藤樹の藤樹書院，伊藤仁斎の古義堂，広瀬淡窓の咸宜園，吉田松陰の松下村塾が，国学塾では本居宣長の鈴屋（すずのや）が，洋学塾では大槻玄沢の芝蘭堂（しらんどう），緒方洪庵の適塾，シーボルトの鳴滝塾が挙げられる。

郷　学

郷学とは，多様な教育機関が含まれていて，大きくは教育対象が武士か庶民かによって分けることができる。郷校，郷学校とも呼ばれている。明治時代に文部省が江戸時代以前の教育についての史料を収集し「日本教育史資料」を編纂した時に，藩校，寺子屋，私塾に分類できない学校を郷学としてまとめたことに始まる。そのため，郷学は多様な性格を持つ学校となっている。

武士を対象とする郷学は，大藩の藩主が藩内の遠隔地に設けた学校，藩主一門・家老・重臣が設置した学校，大身旗本が家臣の教育のために開設した学校が相当する。これらの学校の教育は，藩校教育の延長線上に位置づけることができる。

庶民階級を対象にした郷学は，公的機関が設置・運営した学校と民間有志が設立した学校からなる。藩による学校としては，岡山藩の閑谷(しずたに)学校が有名である。岡山藩主池田光政は，1670 年代に手習所の一つとして閑谷村に学校を設立した。この学校は，学房・講堂・聖廟・文庫などの施設を備えた大規模な学校として整備された。入学者は，庶民階級の子どもが中心で，岡山藩士の子弟や他藩の者も認められた。教育内容は，手習いだけではなく，四書五経の初歩なども教えられた。閑谷学校は，日本で最古の庶民向け教育機関であり，明治期の学制後は旧制中学校，戦後は県立高等学校に移行している。

幕府の代官早川正紀は，任地である美作国久世（岡山県真庭市）に典学館，備中笠岡（岡山県笠岡市）に敬業館，武蔵久喜（埼玉県久喜市）に遷善館を設立した。いずれも土地や建物とその維持費を地域の村役人や富農からの寄付によってまかない，官民一体となって経営にあたっていた。

民間による郷学としては，摂津国平野郷（大阪市平野区）の含翠堂(がんすいどう)が代表例である。含翠堂は，1717 年土橋友直をはじめとする豪農・豪商が，それまで開いていた儒学の学習会を組織化・恒久化するために「同志中」という組合を作って開設された。寄付金を募り，それを基金として運用し，その利子を学校の運営費に充てるやり方で維持されていた。

近代的な公教育制度は，明治時代に始まるのだが，その基礎は江戸時代までに時間をかけて培われていた。1872 年に明治政府に出された学制によって江戸時代までの教育機関は廃止され，新しく学校が設置された。

第6章　カリキュラム・教育課程論

本章では，教育課程論について述べる。前半では，教育課程の根幹をなすカリキュラムの概念およびその全体構造について，後半では教育課程の編成論について述べる。

1　カリキュラムの概念

(1) カリキュラムの定義

カリキュラムの語源は，ラテン語の「クレレ」(currere) であり，古代ローマ時代に行なわれていた戦車レースの「競争路」や「競馬場」を意味していた。次第に，学生がそれに沿って進んでいかなければならない課程であるとともに，完了しなければならない課程という意味で使用されるようになり，カリキュラムは「人生の来歴」や「人生の競争」をも意味するようになった。「履歴書」の英訳が curriculum vitae となっていることは，その名残である。

カリキュラムが現在のように教育計画の意味で使われるようになるのは，16 世紀にライデン大学（オランダ）やグラスゴー大学（イギリス）の文書に登場することに始まる。そこではカリキュラムは，学校で教えられる教科目のことを意味していた。

戦前の日本では，カリキュラムに相当する語として，「課程」「学科及其程度」「教科目」「教科課程」「学科課程」が使われており，カリキュラムが意味する用語は必ずしも一つに決まっていたわけではなかった。第 2 次世界大戦後の1951（昭和26）年の学習指導要領一般編（試案）改訂で「教育課程」という用語が登場して以降，教育課程がカリキュラムに相当するものとして使われるようになった。文部科学省告示の「学習指導要領」では，教育課程の基準について以下のように述べている。

> 学校教育の目的や目標を達成するために，教育の内容を児童・生徒の心身の発達に応じ，授業時数との関連において総合的に組織した学校の教育計画である。（文部省『小学校指導書・教育課程一般編』）

このように，日本の学習指導要領は，各学校で授業の前に作られる教育計画，教育課程表，時間割をカリキュラムとみなしているのである。現在の日本では，「カリキュラム」は研究的な用語として一般的に使われるのに対して，「教育課程」は文部科学省等が使用する公的な用語として使い分けられている。

それに対して，欧米におけるカリキュラムは，教育計画だけではなく，教師の働きかけと子どもの活動のすべてを包括する概念であり，一般的に「学習経験の総体」と定義されている。これは，学校で教える内容だけではなく，子どもたちが教えられた教育内容を経験として再構成していくことも含まれており，カリキュラムの根源的な意味である「人生の来歴」という部分も含まれている。

これは，日本と欧米との文化の違いによるものである。日本では，学校で教えられる教育目標・授業時間・教育内容は政府によって決められているため，教師の関心は定められた教育内容をいかに子どもたちにうまく伝達するかという授業技術に向けられてきた。そのため，教育内容に対する子どもたちの経験について考慮する必要性は少なかった。それに対して，欧米では政府が定める教育課程[(1)]は，ペーパープランにすぎないのである。つまり，授業の方針・教育内容が分からない学校・教師のために，教育課程が作られているのである。教室で教師が教え，子どもたちが学ぶことによってはじめてカリキュラムが成立するのである。子どもの経験は，多様であるし，教師の計画通りにうまくいくこともない。多様な子どもの学習経験を作っていくことこそが，欧米においてカリキュラムが意味するものである。

1970年代以降，日本の学習指導要領は，教師よりも子どもの個性を尊重する方向に変わってきた。それとともに，学校現場において欧米での意味の「カリキュラム」という語が使われるようになっている。

(2) カリキュラムの全体構造とその類型

カリキュラムの分類方法は，教育内容をどのように考えるのかによって変わってくる。従来のカリキュラムを大別すると，

①教科を強調するカリキュラム：教育内容を教科を中心に編成し，その教材の論理的順序をたどって客観的事実の知識や法則などの習得を目指すもので，長い歴史的伝統を持っている（教科カリキュラム，相関カリキュラム，広領域カリキュラム）
②児童・生徒を強調するカリキュラム：20世紀初期の児童中心主義の教育運動において試みられたもの（コア・カリキュラム，経験カリキュラム）
③社会を強調するカリキュラム：社会生活上の諸問題を解決する過程において種々の知識・技能・態度の育成を図ろうとするもの（社会機能カリキュラム）

カリキュラムの分類の中で，もっとも有名なのがホプキンズによるカリキュラムの6類型である（**図1**）。彼の分類法は，教科相互の関連を分化的に組織するか統合的に組織するかの観点を重視している。それは，①教科カリキュラム：多くの教科が並列に配置されている形態，②相関カリキュラム：関連のある内容を積極的に関係づけて組織する形態，③融合カリキュラム：新しい教科を作る形態，④広領域カリキュラム：比較的広いいくつかの領域を構成する形態，⑤コア・カリキュラム：中心課程と周辺課程から成る形態，⑥経験カリキュラム：枠組みを完全になくし学習者の興味や欲求から構成する形態から成っている。

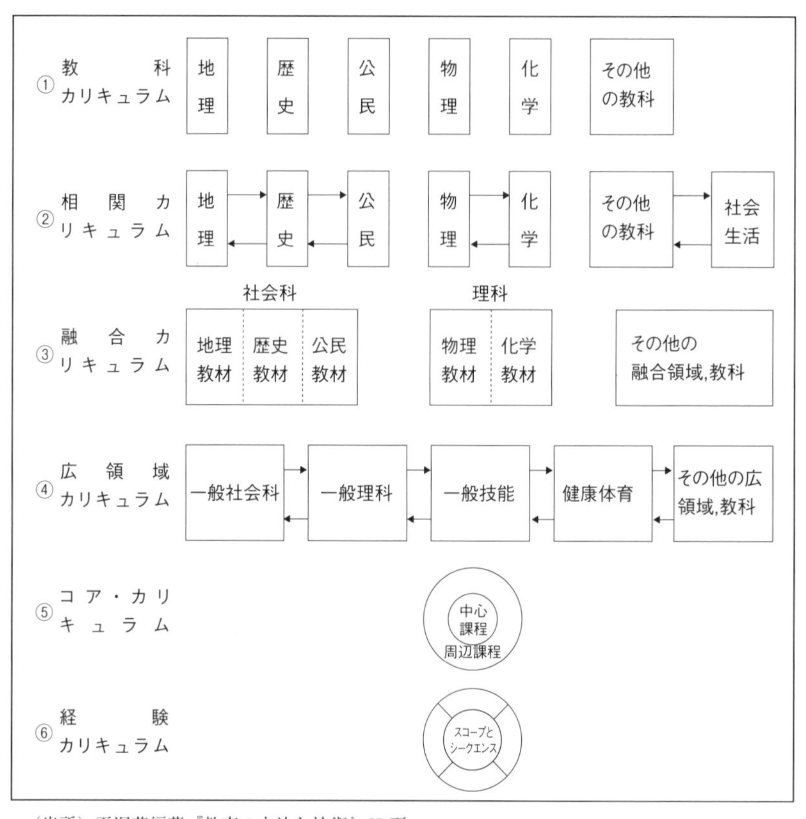

（出所）平沢茂編著『教育の方法と技術』65頁。

図１　カリキュラムの６類型

①教科カリキュラム

教科とは，文化遺産や学問の客観的知識の中から教育的価値のあるものを選択したものを言い，教科を中心にして構成されたものを教科カリキュラムと言う。教科カリキュラムでは，学習者の発達段階に合わせてカリキュラムが組織される。また，教科間の関連は考慮されない他教科並列型となっている。教科カリキュラムの歴史的な原点は，ローマ時代に発生し長くヨーロッパの教育の主要教科となった自由７科である。教科の内容は，時代とともに変化し，下記がその典型例である。

①自由７科――文法，修辞学，弁証法から成る３学と，算術，幾何，天文学，音楽から成る４科に分けることができる。まず，３学から学び，その後４科を学ぶ。３学は，中世ヨーロッパの共通語であるラテン語の文法・書き方・話し方のことを指す。
②江戸時代の武家教育のカリキュラム――四書五経（論語・大学・中庸・孟子，春秋・礼記・詩経・易経・書経）から成る。藩校では主に儒学が学ばれていた。
③ 1872 年（明治５年）の「学制」におけるカリキュラム――（下等小学の教科）綴字，習字，単語，会話，読本，修身，書牘，文法，算術，養生法，地学大意，理学大意，体術，唱歌。ヨーロッパで教えられていたものを翻訳する形で行なわれていた。
④現在の日本のカリキュラム――（小学校）国語，社会，算数，理科，生活，音楽，図画工作，家庭，体育，外国語，道徳，外国語活動，総合的な学習の時間，特別活動。

教科カリキュラムの長所は，学問の体系がそのまま教科内容になるので，カリキュラム編成が容易であり，知識・技術を体系的・効率的に教えることが可能になることである。その反面，知識の伝達が主要任務であるため，記憶的学習となり創造的思考力や実践力は育ちにくいことや，内容が抽象的・一般的なものになりやすく子どもの興味・関心を軽視した授業に陥りやすいという短所がある。相関カリキュラム等は，このような問題を解決するために登場する。

②相関カリキュラム

教科カリキュラムが持つ，子どもの興味・関心や生活を軽視していることや，学習が受動的になるという問題点を解決するために作られたのが相関カリキュラムである。相関カリキュラムは，教科の区分をそのままにして，教科間の内容の関連を図ろうとするものである。

特に，関係の深い２－３教科の間に相互の関係を見出して，それらを関連づけてカリキュラムを構成する。地理と歴史と公民，物理と化学というように，一つの教科と密接な関係にある他の教科に関係を持たせて学習させることによって，相乗効果を得ようとするものである。相関カリキュラムは，教科の枠を残したままできるため，学校現場でも総合的な学習の時間においてクロスカリキュラムの形で行なわれる。

相関カリキュラムの長所は，教科間の関連する内容を関係づけることで学習効果を高めること，教科の枠を残したまま教科間の関連する内容が取り出せること，今後の大きな変化を図るためのカリキュラム編成が期待できることである。

③融合カリキュラム

相関カリキュラムは，教科を独立させたままであったが，この教科を融合し再編成して，その壁を取り払い，一つの新しい教科を生み出そうとしたものが融合カリキュラムである。もっとも有名なのが，1947 年の学習指導要領試案で，「修身」「国史」「地理」を「社会科」に，「物理」「化学」「地学」を「理科」に統合したことである。

④広領域カリキュラム

融合カリキュラムをさらに発展させて融合を進め，全体の教科をいくつかの大きな領域にまとめたカリキュラムが，広領域カリキュラムと呼ばれている。幼稚園教育要領における「健康」「人間関係」「環境」「言葉」「表現」の領域や，日本の大学の教養課程で見られた「自然科学」「社会科学」「人文科学」が相当する。

図1で示されているように，教育内容全体を一般社会科，一般理科，一般技能，健康体育に分けることもその一例である。ここでは，教科の枠にとらわれない教材選択が可能となり，より子どもを中心に置いたカリキュラムと言うことができる。

広領域カリキュラムの長所は，教科の領域が拡大し内容が融合することによって，広がりのある単元やテーマの設定が可能となることである。また，生活と学問との乖離を防ぐことや，広い視野に立った学習を行なうことが可能となる。短所は，各教科の基本的な知識や固有の思考方法や事実の取り扱いが不十分になることが挙げられる。

⑤コア・カリキュラム

コア・カリキュラムとは，中心にコアとなる生活現実を解決する教科や活動領域（中心課程）を設定し，その周辺にそれに必要な基礎的な教科や学習者の活動（周辺課程）を配置した同心円状をなすカリキュラムのことを言う。

コア・カリキュラムの始まりは，ヘルバルト学派のツィラーが提唱した中心統合法に始まる。ツィラーは，「文学」と「歴史」を中心教科として設定し，その他の教科を民族の文化の発展段階に即して組織した。つまり，これは，すべての教科の内容を「文学」と「歴史」を中心に統合するカリキュラムの構成法である。たとえば，「文学」で聖書の内容を学習する時に，その物語に登場する植物について理科で学ぶといったように，諸教科の教材が中心教科との関係において組織化される。

コア・カリキュラムでもっとも影響を与えたのは，1930年代のアメリカにおいて提案されたヴァージニア・プランとカリフォルニア・プランである。ヴァージニア・プランとは，1934年にヴァージニア州教育委員会が現場の協力を得て作成した，小学校7年と高校4年[(2)]の学習指導要領で示したコア・カリキュラム・プランのことである。生産・分配・消費・通信輸送等の主要な社会機能を手がかりとする教育内容や方法をコア（中心課程）に位置づけ，これを補完・拡充するための技能獲得，情操の涵養，健康，自由研究を周辺課程に位置づける社会機能法が採用された。カリフォルニア・プランとは，1930年と1936年にカリフォルニア州が教師用手引書で示したコア・カリキュラムのことを言う。社会と理科から児童の興味を引くものがコアに位置づけられている。ヴァージニア・プランとカリフォルニア・プランとの違いは，前者が小単元主義を取るのに対して，後者は大単元主義を取る。これらは，子どもを実際生活の諸活動に有効的に参加させようとするカリキュラムと言える。

第2次世界大戦後の日本の教育に対して大きな影響を及ぼしたのは，ヴァージニア・プランであり，1947年の学習指導要領における社会科ではじめて採用された。また，1948 年に民間のコア・カリキュラム連盟が発足し，コア・カリキュラム運動が広く展開された。1950 年代にコア・カリキュラム連盟は，3 層（実践課程，問題解決課程，基礎課程）と 4 領域（経済，政治，健康，情操）のカリキュラムを提唱した。このような経験主義のカリキュラムは，教科の価値を否定した点が批判され，1958 年の学習指導要領改訂以後は衰退していった。

⑥経験カリキュラム

経験カリキュラムとは，子どもの興味・関心・欲求を出発点にした生活経験を基本的な教育内容（スコープとシークエンス）とし，現実の問題解決の活動を主軸に編成されたカリキュラムのことを言う。この経験カリキュラムは，総合カリキュラムとも呼ばれ，教科の存在が一切認められず，子どもの興味と目的を持った活動から成る総合的な単元で全体が構成される。実態としては，環境問題といった社会的現実問題を取り上げることで社会的実践力の育成を期待する「社会中心カリキュラム」と学習者の心理的側面を強調する「学習者中心カリキュラム」とが存在する。

もっとも有名なのがデューイによるシカゴ大学附属実験学校での実践である。子どもの本能に基づく活動をカリキュラムに編成し，活動の中心は労作（工作・料理・織物）であった。アメリカでは，1920 年代から 40 年代にかけて経験カリキュラムが編成された。

日本では，経験カリキュラムについて，基礎学力の低下，客観的知識・組織的な教育の軽視，教師の指導性の解体，学校機能の低下といったさまざまな批判がされてきた。

最後に，経験カリキュラムの主要な構成要素であるスコープとシークエンスについて述べる。スコープとは，「知識のカテゴリー化」を図ることを言う。伝統的カリキュラムにおいては知識のカテゴリーに依拠して内容領域を設定し，分化による構成が教育内容の教科になる。それに対して，シークエンスとは「配列と系列化」のことを指す。カリキュラムにおいては初歩的な知識から複雑で抽象的な知識へと内容を配列させ，論理的に知識を配列し知識間の接続が図られる。一般的に，子どもに与えようとする知識（スコープ）を横軸に，子どもの興味・発達の程度（シークエンス）を縦軸にして組織立てられる。

2　カリキュラム編成の原理

(1) カリキュラム開発

計画（Plan），実践（Do），評価（Check），改善（Action）の繰り返し（PDCA サイクル）によって，教育的価値の実現に向けて子どもの経験を組織する継続的な営みのことをカリキュラム開発と言う。

まず，授業の前に教師は，子どもたちに提供する教育内容を考え，それを効果的に実現するための教材作りや教授法について考える。これは，「計画カリキュラム」と呼ぶことができる。しかしながら，この「計画カリキュラム」と，子どもたちの学習経験として生み出される「結果カリキュラム」との間には，ズレが生じる。このズレを検証することが評価である。このように，計画→実践→評価→改善と繰り返すことをカリキュラム開発と定義することができる。

(2) 授業研究と教室研究

最初にカリキュラム開発の概念が作られたのは，1930 年代のアメリカである。当時のアメリカは，世界恐慌の影響で疲弊しており，経済と教育の向上を目指してアメリカ各州は教育改革を積極的に行なった。その中でカリキュラムを「学習経験の総体」とみなす新教育運動の理念が普及するとともに，計画－実践－評価－改善というカリキュラム開発の形態が確立された。

その後，1960 年代まで産業社会の進展に伴う行動科学の普及によって，カリキュラム開発の主流が工学モデルに移行した。この時期の教育方法学は，「授業研究」と呼ばれている。「授業研究」を代表する研究者は，後述するタイラーやブルームである。もっともその流れを代表するのが 1960 年代に起こった「学問中心カリキュラム」である。これは，教育の現代化運動において開発された自然科学系の物理・化学・生物・数学などの「新カリキュラム」の編成の原理や立場を総称している。具体的には，1959 年のウッズホール会議においてブルーナーらが提唱したことによって広く知られるようになり，最先端の科学の成果を学校の教科へ反映させることにより，科学への理解を進めようとした。この考え方は，世界の教育改革に大きな影響を及ぼしたのだが，子どもの興味・関心を軽視していたため，1960 年代末には批判にさらされるようになった。

1970 年代以降になると，教育の現代化に基づくカリキュラム編成は，学校現場にさまざまな問題をもたらすようになり，学校に対する批判や懐疑が沸き起こるようになった。それを代表的に表しているのがイリッチの『脱学校の社会』(1970) である。イリッチは，学校を「制度化」の典型と考え，その「制度化」された学校の特徴として，①通学の必要がある，②資格のない者は教壇に立てない，③学校が学習内容を決定する，④カリキュラムは段階づけられ，通過すれば証明書が与えられる，⑤年齢別の集団に子どもたちを編成する，の 5 点を挙げている。イリッチは，当時の学校を「生き生きとした学習を展開している存在である子どもたちを，その仕組みに囲いこむことによってその学習活動を形骸化・無力化する[(3)]」ものであると考えていたのである。

1970 年代以降，再び新教育運動の原点である「学習経験の総体」に注目が集まり，個々の教室の出来事を分析しようとする動きが強まっていった。これが「教室研究」である。日本で「学習経験の総体」としてのカリキュラムに注目が集まるきっかけになったのは，1974 年に東京で開催された「カリキュラム開発に関する国際セミナー」であった。その報告書の中でカリキュラム開発について以下のように述べられている。

> カリキュラム開発とは，……一度作り上げられればそれでおしまいといったようなものではなく，絶えず検討され，評価され，修正されていく継続的なプロセスである。……むしろ教師の日々の創意や工夫の積み上げといった意味合いの強いものなのである[(4)]。

このように，1970 年代以降のカリキュラムは，「学習経験の総体」という側面が強調されていく。工学モデルを中心とした授業研究と「学習経験の総体」を中心とした教室研究とを対比する用語として，顕在的カリキュラムと潜在的カリキュラム，工学的接近と羅生門的接近がある。

(3) 潜在的カリキュラム

1970年代以降，子どもたちは，学校で教師によって与えられる意図的・計画的な教育内容の他にも，影響を受けている要素があるのではないかと考えられはじめた。それらは，学校生活の中で子どもたちが潜在的に学び取っている価値，態度，社会規範など実際行動面での知識内容のことを言い，教師が意図しないのに暗黙の内に影響を及ぼしていた。それらは，「潜在的カリキュラム」(「隠れたカリキュラム」，ヒドゥンカリキュラム：hidden curriculum）と名づけられた。潜在的カリキュラムの具体例を羅列すると，子ども同士の人間関係，教師－子どもの関係，能力別編成，教室の雰囲気，教師集団の持つ雰囲気，学校の伝統や教育風土，教師の言葉遣いや態度，校則，価値観など子どもを取り巻く様々な人的・自然的・文化的環境要因である。

潜在的カリキュラムを最初に発見したのは，アメリカ・シカゴ大学のジャクソンであった。彼は，教室での日常的な事象を丹念に観察し，ありのままに記述した。その結果，規則（Rules)，規制（Regulations)，慣習（Routines）の三つのRが潜在的カリキュラムの主成分であると考えられた。ジャクソンは，従来のカリキュラムを「公式的カリキュラム」と名づける一方で，新しく見つけた三つのRを「隠れたカリキュラム」と名づけた。

その後，アメリカの教育学者のブルームは従来のカリキュラムを「顕在的カリキュラム」に，新しく見つけたカリキュラムを「潜在的カリキュラム」に分類し，現在に至っている。現在の日本では，「顕在的カリキュラム」と「潜在的カリキュラム」がもっともよく用いられている。

「潜在的カリキュラム」の「潜在的なもの」がいつもプラスに作用するとは限らない。排他的で厳しい受験競争や，教師・生徒間の一種の権力関係，教師の賞讃のみを是とする前提など，マイナスに作用する面も多々ある。学習はどちらか一方だけで十分ではなく，「顕在的カリキュラム」と「潜在的カリキュラム」とが補完的にある時に，生徒の態度や価値観はもっとも効果的に形成することができると言える。

（一般的手続き）

工学的接近（technological approach）	羅生門的接近（rashomon approach）
一般的目標 ↓ 特殊目標 ↓ 「行動的目標」 ↓ 教材 ↓ 教授・学習過程 ↓ 行動目標に照らした評価	一般的目標 ↓ 創造的教授・学習活動 ↓ 記述 ↓ 一般的目標に照らした判断評価

（評価と研究）

目標に準拠した評価 一般的な評価枠組み 心理測定的テスト 基本抽出法	目標にとらわれない評価 様々な視点 常識的記述 事例法

（目標，教材，教授・学習過程）

目標	「行動的目標を」 「特殊的であれ」	「非行動的目標を」 「一般的であれ」
教材	教材のプールからサンプルし，計画的に配置せよ	教授学習過程の中で教材の価値を発見せよ
教授学習過程	規定のコースをする	即興を重視する
強調点	教材の精選，配列	教員養成

（出所）文部省『カリキュラム開発の課題』50－54頁。

図2　工学的接近と羅生門的接近との対比

(4) 工学的接近と羅生門的接近

日本では，すべての子どもへの学力保障を目指して，到達度評価論が登場した。到達度評価論は，「～ができる」「～が区別できる」「～が書ける」というように，到達点がはっきりしている目標を設定し，それと照らし合わせて学力評価を行なうことを言う。この評価は，学力評価を教育評価の中核に据えることによって，学力保障を教育者の責任として明確に位置づけた点で画期的であった。しかし，思考力・判断力といった高次の学力が含まれていない点が課題として残された。

その一方で，合理主義・実証主義に対する疑問から到達度評価論を「工学的接近（アプローチ）」と呼んで批判する立場も存在した。彼らは，新しい評価法として「羅生門的接近（アプローチ）」を唱え，教育を「実践」の営みとして捉え，目標にとらわれない評価がさまざまな視点から行なわれるべきと考えた（**図2**）。つまり，教育課程は，さまざまな主体が関わり合いながら生み出されていく必要があると考えたのである。

この羅生門的接近を命名したのは，アトキンである。アトキンは，前述の「カリキュラム開発に関する国際セミナー」において，黒澤明監督の映画『羅生門』で行なわれているような，一つの事実を多様な角度から多義的に解釈する手法を強調した。また，教育課程編成に当たっては目標設定を一般的な目標にとどめ，「創造的教授・学習活動」を行なって評価することを主張した。

3　教育課程編成論

最後に，教育課程編成論として，タイラーの原理，ブルームの教育目標論，アイスナーの鑑識眼について述べる。

(1) タイラーの原理

アメリカのタイラーは，カリキュラム編成の基本原理をタイラー原理として理論化した。タイラー原理では，まずカリキュラムを編成する際に考えなければならない四つの質問を行なう。それは，

①学校は，どのような教育目標を設定するのか。
②この目標を達成するために，どのような教育的経験が必要なのか。
③この教育的経験は，どのように効果的に組織するべきなのか。
④この目標が達成されたかどうかをどのように評価するのか。

の4段階からなっている。

タイラーの原理の意義は，はじめて教育目標の設定を明確に位置づけた点と，目標と照らし合わせて教育評価を行なうことを主張した点である。しか

し，もっとも批判にさらされたのは第１段階の教育目標の設定である。タイラー原理は，目標設定することを強調するものであり，教育目標が行動目標化されうるものだけに矮小化される可能性があるという問題点を抱えていた。

(2) ブルームの教育目標論

このように批判の強いタイラー原理を発展的に継承したのがブルームである。ブルームでもっとも有名なのは，完全習得学習（マスタリー・ラーニング）であるが，彼の教育目標論はそれを支えるものである。ブルームは，教育目標を認知目標と情意目標の二つに分類した。

認知目標とは，新しい概念や知識を得る目標である。「〜について理解する」というのが代表的な例である。この目標は，「１．知識」→「２．理解」→「３．応用」→「４．分析」→「５．総合」→「６．評価」の六つの階層構造から成る。

情意目標とは，価値観や態度に関する目標である。「〜に興味を持つ」「他人に思いやりをもって接する」などがその例である。近年，日本の学校教育において重視されている「関心・意欲・態度」に関する目標と評価が相当する。この目標は，「１．受容」→「２．反応」→「３．価値づけ」→「４．組織化」→「５．個性化」という五つの階層構造から成る。

1960 年代後半のアメリカでは，黒人への平等な教育を要求する公民権運動が盛んであり，ブルームはその運動に参加した。その中で，彼は学力をすべての者に保障する方策として，完全習得学習を考案したのである。これは，まず教育目標に照らし合わせて評価を行ない，目標に到達している子どもに対しては発展学習を行なう一方で，到達していない子どもに対しては回復学習を行なうものである。このやり方で教育を行なえば，ほとんどすべての子どもが平均的な学力に達するとブルームは考えたのである。

教育目標論の問題点としては，教育目標の高次の目標が後回しになることや，当時の主な評価法は筆記試験であるため低次の目標しか達成することができないことが挙げられる。しかし，認知目標と情意目標から成るブルームの教育目標論は，現代にも大きな影響を及ぼしている。

(3) アイスナーの鑑識眼

タイラーとブルームは，1960 年代までの「授業研究」に属しているのだが，アイスナーのみは 1970 年代以降に発展した「教室研究」に位置づけられている。彼は，芸術教育の立場から工学的接近を批判し，教育課程の編成について，教育についてのイメージや願いをプログラムに転換していく営みと考えた。芸術教育で必要とされる創造性を養うためには，工学的接近で行なわれる行動的目標ではなく，オープン・エンドの目標を設定することが重要である。そのため，教師は文脈に応じて価値判断を行なう「鑑識眼」と，鑑識を言語化して「批評」する力が求められると考えたのである。

アイスナーは，芸術教育を視野に入れて工学的接近を批判したのだが，実際の教師も長年の経験の中で有効な教育方法を蓄積して持っているため，学校現場でも応用可能と言える。

第7章　学校制度

学校制度とは，学校教育の目的を達成するために合理的に組織された制度のことを指す。学校体系とは，学校制度を構成する基本的な枠組みとして体系化されたものである。学校体系は，年齢段階順では，初等教育段階（小学校に相当），前期中等教育段階（中学校に相当），後期中等教育段階（高等学校に相当），高等教育段階（大学，短期大学，専修学校に相当）に分けることができる。

本章では，国によって教育制度がなぜ異なるのかについて，学校制度の違いを通して分析する。まず学校体系の3類型と歴史的変遷について述べた上で，諸外国と日本において学校制度がどのように変化していったのかについて述べる。

1　学校体系の3類型

学校体系の類型は，複線型学校系統，分岐型学校系統，単線型学校系統の三つからなっている。**図1**は，その三つの違いを現わしたものである。

複線型は，複数の学校系統がつながりを持たないまま，独立して並存している学校体系である。複線型は，内部が下構型学校系統（中等学校系統）と上構型学校系統（小学校）に分かれる。この二つは最初の時点から分かれていて，下構型が大学まで進学することができるのに対し，上構型は初等教育か中等教育で学校教育を終了する。ヨーロッパでは，それぞれの学校系統と

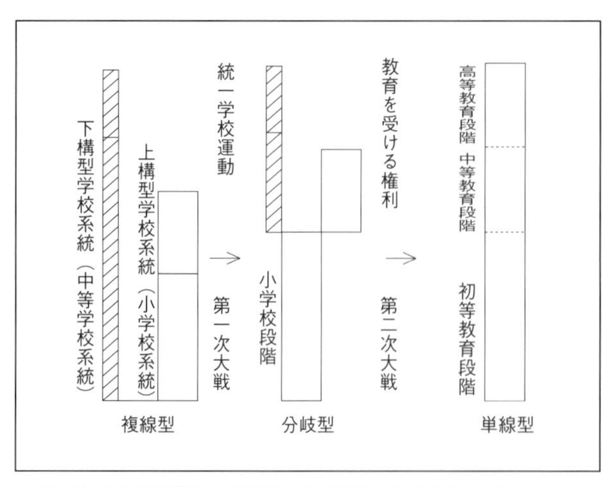

（出所）教育制度研究会『要説　教育制度　新訂版』33 頁。

図 1　学校体系の類型

社会階級が結びつきながら発達してきたことから，階級社会を象徴していると言える。複線型は，階級だけではなく，性別・宗教・人種によって異なる学校系統を提供する場合や，特別支援教育を独立して実施する場合にも成立する。

分岐型は，初等教育段階のみは学校が一つになっているが，中等教育段階から複数の学校に分かれる学校体系のことを言う。ヨーロッパ諸国の学校制度は，長年複線型であったのだが，19 世紀末から 20 世紀初めに初等・中等教育機関を統合して一つの学校にすることを目的とする運動（ドイツ・フランスでは統一学校運動，イギリスでは中等教育解放運動）が起こった。第 1 次世界大戦後，ヨーロッパ各国の学校系統は複線型から分岐型へ転換が行なわれた。

単線型学校系統は，教育機会の均等という原則をさらに徹底させるために，中等教育段階も統合された学校体系である。典型的な単線型学校系統は，アメリカである。日本の教育制度も第 2 次世界大戦後，分岐型から単線型に移行していった。中等教育段階を完全に統合している国は少なく，前期中等教育段階まで統合し後期中等教育段階を分岐させる国が多い。

2　学校体系の歴史的変遷

この節では，複線型学校系統を構成する下構型学校系統と上構型学校系統がどのように成立していったのかについて述べる。

(1) 下構型学校系統の成立過程

最初に成立したのが下構型学校系統であり，まず大学が設立され，次に中等学校が設立される順で成立した。

12－13世紀頃のヨーロッパでは，中世都市を中心とする自由の芽生えとともに，専門職に対する需要が生まれていった。その結果，イタリアやフランスなどに法律家・医師・聖職者などを養成するための専門知識を教授する学校が発生した。それらは，ローマ法王や神聖ローマ皇帝からの勅許状を得ることによって，中世大学の創設をもたらした。初期の中世大学は，法学のボローニャ大学（1088年設立），医学のサレルノ大学（1050年設立），神学のパリ大学（1150年設立）である。中世大学は，当初は自由な集団としての特質を持っていたのだが，教会や国家の保護干渉によって自由な気風は制限され，次第に上流支配階級に独占されるエリート養成機関になっていった。それとともに，大学の役割も専門知識の深化よりも貴族的な教養を支えるような役割を強めていき，大学の下部に一般教養を学ぶ哲学部が設置されるようになった。

14世紀にルネサンスがイタリアで起こりヨーロッパに広がっていくと，人文主義やラテン語・ギリシア語をはじめとする古典語が重視されるようになった。人文主義的教科や古典語を学ぶための学校を設立するために，それまで教会に附属していた学校を分離させるか新設されたのがラテン語学校（文法学校）である。それは，後にイギリスではパブリック・スクール，フランスではコレージュ，ドイツではギムナジウムという名称がつけられた。これらの学校は，主に上流階級の子弟を対象として，古典語（ラテン語・ギリシア語）を中心とする7自由科（文法・修辞学・弁証法・算術・天文・幾何・音楽）を教授したが，その後母国語・地理・数学なども加え，新しい学問と宗教を結合させることによって，敬虔かつ学識を持った指導的立場の人間を

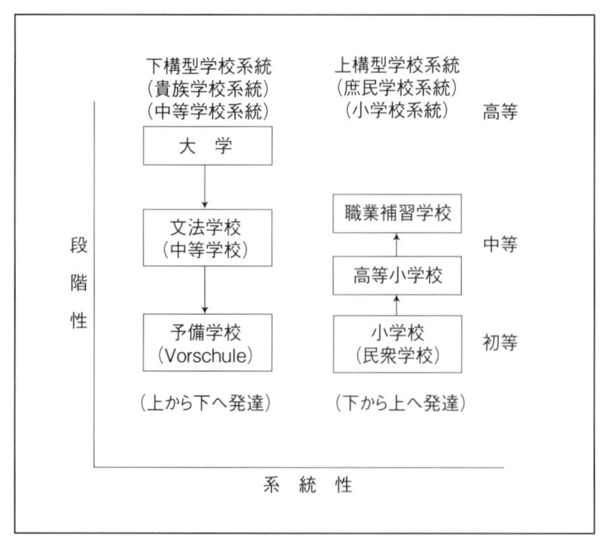

(出所) 教育制度研究会『要説　教育制度　新訂版』31頁。

図2　下構型学校系統と上構型学校系統

育成しようとしたのである。このように，大学の後に設立されたラテン語学校は，大学予備学校として大学の下位に接続され，大学進学の準備を行なう中等教育機関になっていった。

その後，文法学校の下には予備学校が設置されたのだが，これは個人教授という形で上流階級の子どもが各家庭において教師を招いて文法学校に入学するための予備知識を学ぶ。

このように，下構型学校系統は最初に大学が設立され，その後大学の下に接続する形で中等学校（ラテン語学校）や予備学校が設立されることによって成立した。この学校系統は，大学を最高教育機関として「上から下へ」構築されるという形式を取るために下構型学校系統と言われる。同時に，上流階級の子弟に古典的教養を身につけさせるという要求に応じて作られたものであるため，貴族学校系統もしくは教養的学校系統とも呼ぶことができる。この学校系統は，第1次世界大戦後に学校制度の改変が行なわれるまでは，古典的教養を学ぶ場であり続けた。

(2) 上構型学校系統の成立過程

上流階級の子弟を養成するための教育システムである下構型学校系統は，早い地域では15世紀には成立したのだが，一般庶民を対象にした学校系統の成立ははるかに遅れた。17－18世紀にヨーロッパ諸国では一般庶民を対象とした学校が教会や民間団体によって運営されていたのだが[1]，19世紀後半には各国家において初等教育制度が整備された。

日本を例にあげると，最初は小学校のみだったのだが，時代が経つとともに小学校の上に高等小学校や職業補習学校が設置されるようになった。また，教育内容も当初は初歩的な基礎教育のみだったのだが，教育内容が拡充されるとともに，職業準備教育も加えられるようになった。19世紀以降のヨーロッパ諸国では，国際的な経済競争が激化し，職業教育と国民教育の強化が急務になり，その要求に応じる形で学校系統が作られるようになった。

この学校系統が成立したきっかけは，一般庶民に対して日常生活に必要な知識や技術を習得させようとしたことであった。その後，国家の要請によって上積みされることによって全体が整備されていった。つまり，最初に下位にある小学校が設立され，その後上位の高等小学校や職業補習学校に接続し発展するという，「下から上へ」向かって順番に構築されるという発達形態から，上構型学校系統と呼ばれている。この学校系統は，庶民学校系統もしくは職業学校系統とも呼ばれ，下構型学校系統とはまったく別の系統として構成されるようになったのである。

ヨーロッパ諸国では伝統的に下構型学校系統と上構型学校系統からなる複線型教育制度が取られてきたのだが，各国の学校制度はどのような歴史的変遷を遂げてきたのかについて次に述べる。

3　諸外国における学校制度の歴史的変遷

(1) イギリス

この節では，イギリス，フランス，ドイツ，アメリカにおける学校制度の変化の過程について述べる。

イギリスで義務教育制度が成立したのは，1870年であった。それ以前は，大学とパブリック・スクールからなる伝統的な下構型学校系統のみであった。初期の大学としてオックスフォード大学（1096年設立）とケンブリッジ大学（1209年設立）があり，初期のパブリック・スクールとしてはウィンチェスター・カレッジ（1382年設立）やイートン・カレッジ（1440年設立）等がある。上構型学校系統の成立は遅く，1870年に制定された初等教育法では，各地の教会で実施されていた初等教育を国家がまとめた上で，この部分を義務教育とすることによって成立した。

教育制度が複線型から分岐型に移行したのは1944年に成立したバトラー法によってである。1944年以降の教育システムは，まず共通の5年間の初等教育を受け，11歳の時点で「イレブン・プラス」と呼ばれる学力試験を受け，その成績を元に三つの異なる種類の中等教育機関に進学する。それは，大学への進学する者のための「グラマー・スクール」，中級技術者向けの「テクニカル・スクール」，初級技術者向けの「モダン・スクール」である。この教育システムは，「3分岐システム」と呼ばれている。子どもの能力・個性に応じた中等教育を行なうために，導入された教育制度であったのだが，実際は成績に応じた輪切りの選抜が行なわれていたため，次第に11歳の時点で将来の進路を決めることに対する批判が強まっていった。

1960年代から70年代にかけて，三つの中等教育機関が総合制学校，つまりコンプリヘンシブ・スクール（Comprehensive School 総合制中等学校）へと再編されていった。これによって実質的に単線型へと移行していった。この学校は，すべての子どもが入学選抜を行なわないで自由に入学できる学校であり，グラマー，テクニカル，モダンのすべての要素を併せ持っている。1970年代末には公立学校へ通う生徒の9割以上がコンプリヘンシブ・スクールに通学するようになり，中等教育段階の総合制化が完成した。

しかし，エリート養成機関であるパブリック・スクールについては，現在でも独立学校もしくは私立学校として存続している。そのため，公的教育制度としては単線型への移行が行なわれたものの，独立学校を含めると複線型が残っていると言うことができる。

現在のイギリスの教育制度は**図3**のとおりである。大きく，公立学校系統

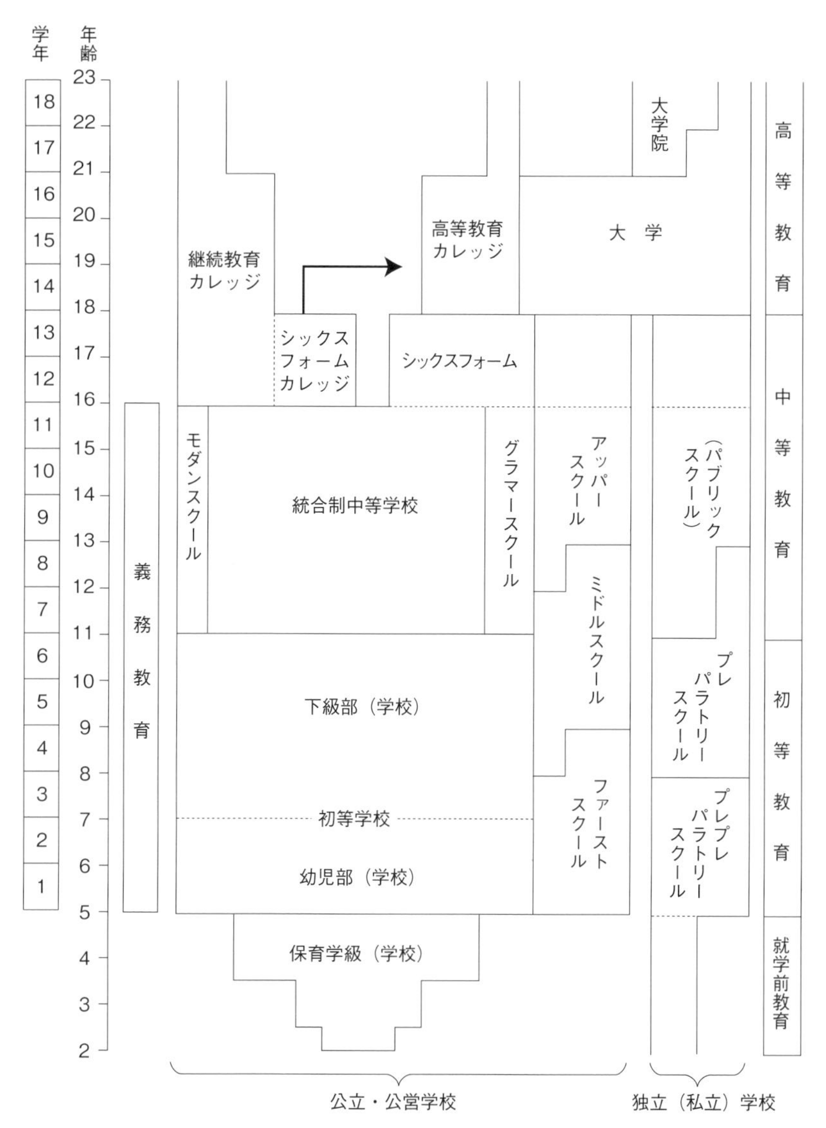

（出所）学校教育研究所編『諸外国の教育の状況』122頁。

図3　イギリスの学校系統図

と独立学校系統に分かれる。公立学校系統は，単線型に近い構造となっている。すべての子どもは，まず幼児学校（2年間）・下級学校（4年間）に通う。その後，中等教育段階では5年制の総合制中等学校（コンプリヘンシブ・スクール）に通う。そこで実施されるGCSE試験で好成績を収めた者がシックスフォームに進み，大学に進学するための受験勉強に専念し，大学に進学する。それに対して，独立学校系統は，プレプレパラトリー・スクール，プレパラトリー・スクールを経てパブリック・スクールに進み，大学に進学するという構造になっている。

(2) フランス

フランスもイギリスと同様に最初に下構型学校体系が成立した。それは，パリ大学が1200年に設立されたことに始まる。その後，モンペリエ大学（1220年設立），トゥールーズ大学（1229年設立），アンジェ大学（1250年頃設立），アヴィニョン大学（1303年設立），グルノーブル大学（1339年），ペルピニャン大学（1349年）が設けられていった。

次に作られたのが中等教育機関であった。フランス革命前の代表的な中等教育機関は，コレージュであった。コレージュは，元は13，14世紀に大学で学ぶ学生のために聖職者などの寄付によって設けられた寮（宿泊施設）であった。その中で学生たちは規律を守って生活や学習を自ら管理し，やがて教育が行なわれる場所になっていった。その動きとは別に，16世紀に都市共同体が設立する「文法学校」や，「共同生活兄弟会の学校」が主要都市に設置された。さらに，宗教改革が始まると，プロテスタント勢力が1560年以降，その支配地に「アカデミー」という改革コレージュを設立していった[2]。しかし，このようなコレージュの発展も，宗教戦争による都市の衰退と，カトリック勢力によるアカデミーの廃止によって陰りが見え始めた。

これに代わって発展したのが反宗教改革の中から登場したイエズス会などの修道会であった。17世紀に，修道会のコレージュがフランス全土に発展し，フランス国王も勅許状を与えてその存在を承認した。コレージュの生徒の中核は，貴族や市民階級の子弟であり，手工業者は少数派であった。コレージュでは主にラテン語の教育が行なわれていた。イエズス会は，特に教育活動に熱心であった。イエズス会は，16 世紀後半にパリでクレルモン・コレージュ（後のルイ＝ル＝グラン・コレージュ）[(3)]を開校して以降，17 世紀半ばには大都市を中心に 105 のコレージュを掌握し，他の修道会を引き離してコレージュ教育の中枢を担うほどの勢力を持っていた[(4)]。しかし，1761 年にパリ高等法院がイエズス会の活動を停止して以降は，他の修道会が代わりにコレージュ経営を行なった。このように，遅くとも 16 世紀には，大学→コレージュからなる下構学校系統が最初に成立していたのである。

フランス革命後の動きは，複雑である。革命で修道会が廃止されたことにより，多くのコレージュ経営が国や地方自治体に移管された。1802 年に，ナポレオンが公布した教育令によって，国立の中等学校がリセ，公私立の中等学校がコレージュに位置づけられ，1809 年にコレージュの年限が 5 年と定められた。しかし，1815 年にブルボン家による王政が復活すると，リセが国立コレージュに名称変更された。1848 年にフランス 2 月革命によって王政が倒されると，再び国立コレージュがリセに名称変更され現在に至っている。

フランスにおける一般民衆向けの学校の起源は，16 世紀半ばに設置された「プチト・エコル」（小さな学校）である。この学校は，有償で授業料を納める必要があり，すべての子どもに開かれた学校ではなかった。17 世紀後半には，修道会が都市を中心に貧者のための無償教育を行なう慈善学校を開き，急速に普及していった。18 世紀末にパリで男性の 66%，女性の 62% が文字を知っていた[(5)]という事実は，学校に行くことが広く普及していたことを示している。しかし，農村においては 18 世紀後半になっても学校を持たない教区が多く，フランス革命まで学校が開かなかった教区もあった。

これに対して上構型学校体系が成立するのは，1882 年である。まず，フランスの文部大臣のギゾーは，1833 年 6 月，初等小学校，高等小学校からなる初等教育機関の設置を人口 6000 人以上の町村に義務づける初等教育法（通称ギゾー法）を成立させたのである。そして，同じく文相のジュール・フェリーは 1882 年に 6 歳から 13 歳までのすべての子どもに対する初等教育を義務化し，無償化した。

フランスでは，19 世紀後半には上流階級の通う下構型学校体系と庶民階級が通う上構型学校体系からなる複線型教育制度が成立した。この学校体系は，

70年以上続いたのだが，1959年のベルトワン改革によってフランスの学校体系は分岐型に移行した。この改革によって，すべての子どもは最初に小学校（5年間）に通うことが義務づけられるようになった。6年目にリセ，コレージュ，小学校上級段階の三つに進路が分かれる。この学校体系では，リセは中等学校の長期課程で，コレージュは短期課程であった。この中で，大学に進学することのできるバカロレアを得ることができたのは，リセの卒業生のみであった。1959年から75年までの学校体系は，3分岐型教育制度と呼ぶことができる。

その後も教育改革は継続し，1975年に教育大臣のアビによって行なわれた教育改革によって，フランスの教育制度は分岐型から単線型に移行したことによって終わりを迎えた。1975年の初等・中等教育法では，リセは後期中等教育段階，コレージュは前期中等教育段階に再編され，初等・中等教育段階の単線化が完成した。

現在のフランスの学校系統図は，**図4**のとおりである。まず，すべての子どもは小学校（5年間），コレージュ（4年間）に進む。10年目に，大学進学を目指すリセと，就職の準備を行なう職業リセに分かれる。約7割の生徒がリセに，約3割の生徒が職業リセに在学している。リセは3年制であり，修了時に中等教育修了試験兼大学入学試験であるバカロレアを受験する。リセの第1学年は共通で，第2学年に「普通バカロレア」取得を目指す教育課程と「科学技術バカロレア」取得を目指す教育課程に分かれる。「普通バカロレア」は，コースが分かれていないが，「科学技術バカロレア」は八つのコースに分かれている。「普通バカロレア」コースは，普通高校に相当し普通リセと呼ばれているのに対し，「科学技術バカロレア」コースは専門高校に相当し技術リセと呼ばれている。職業リセは，2年制の教育課程で約90の専門に分かれ，修了時に職業資格（CAPまたはBAP）を取得することができる。大学への進学を希望する者は，1年間の職業バカロレア取得課程に進学し，職業バカロレア取得に向けて学習を行なう。このように，フランスの教育制度は後期中等教育段階では三つに分かれるのだが，前期中等教育段階までが単線化されていると言える。

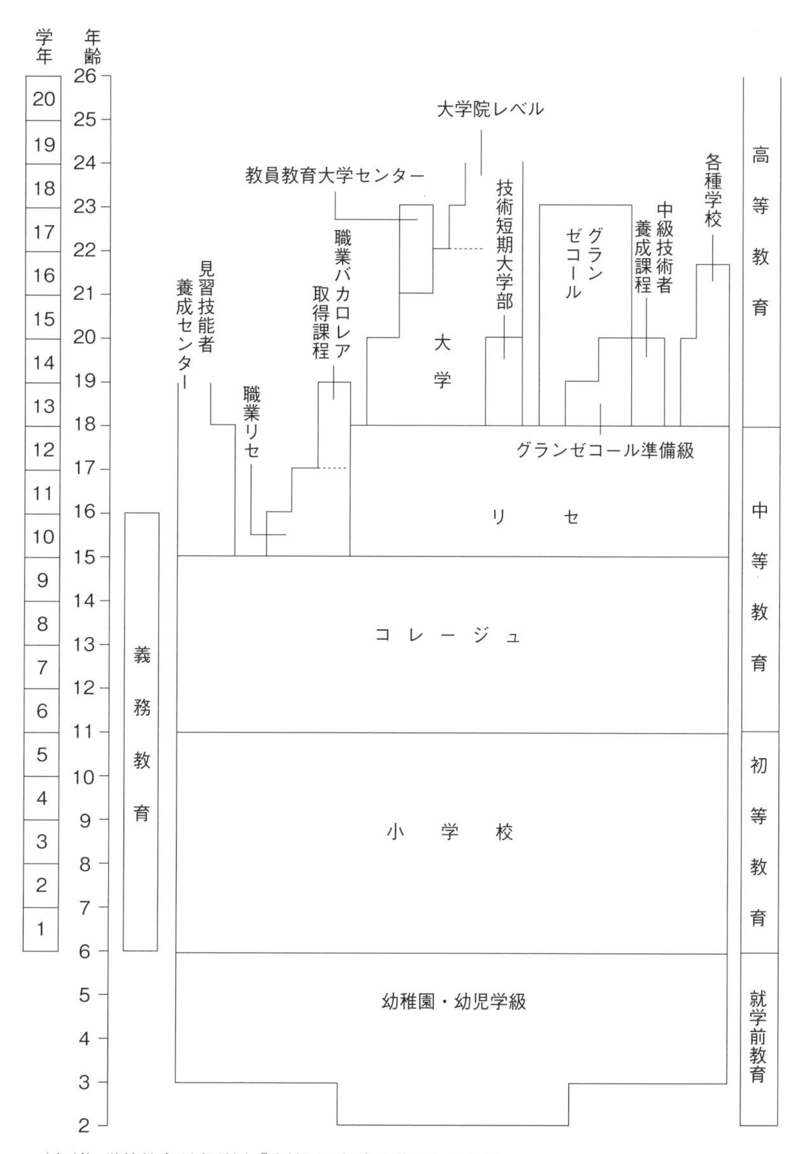

（出所）学校教育研究所編『諸外国の教育の状況』123 頁。

図 4　フランスの学校系統図

(3) ドイツ

ドイツでは，義務教育制度が成立したのは1880年代であった。1871年のドイツ帝国の成立までは，多くの領邦国家に分かれており，さまざまな種類の学校が存在した。それらが再編されたのが1880年代であった。ドイツにおいても下構型学校体系をなす大学とラテン語学校が最初に作られた。初期に設立され現在まで廃止されることなく存続している大学は，ハイデルベルク大学（1385年設立），ライプツィッヒ大学（1409年設立），ロストック大学（1419年設立），グライフスヴァルト大学（1456年設立），フライブルク大学（1457年設立），テュービンゲン大学（1477年設立）である。また，初期にラテン語学校として設立され現在もギムナジウムとして存続しているのは，マールブルク（1527年設立），ブレーメン（1529年），コールバッハ（1579年），アンハルト（1582年），カールスルーエ（1586年），シュタインフルト（1588年），コーブルク（1605年），ハーナウ（1607年）等である。ドイツに設立された大部分のラテン語学校は，プロテスタントによって設立されたものであり，その名称は多様である（Gymnasium，Altes Gymnasium，Akademisches Gymnasium，Hohe Schule，Landesschule 等）[(6)]。これらは，領邦国家によって設立されたものもあれば，都市に設立されたものもあった。このようにドイツでは大学→中等学校（ギムナジウム Gymnasium）→予備学校から成る下構型学校系統が最初に成立したのである。この他の学校として，都市部に設置された都市学校や農村部に設置された村落学校があった。

19世紀に下構型学校系統の中等教育部門の再編が行なわれた。後のドイツ帝国の根幹をなすプロイセン王国では，それまでラテン語学校・古典語学校と呼ばれていた中等教育機関が，大学進学抑制策により制度的改革が図られ，1812年に大学進学権を政府によって認められたもののみが公的にギムナジウムと呼ばれるようになった。1837年にギムナジウムは，初等教育と分離し，人文的諸教科を重視する9年制の中等学校に整備された。ギムナジウムと認められなかったラテン語学校・都市学校は，ギムナジウムに準じる中等教育機関（プロギムナジウム，実科ギムナジウム，実科プロギムナジウム，高等実科学校，実科学校）[(7)]に再編された。これらの学校は3年間の予備学校を終えなければ入学できないようになっていた。この他中間学校も存在した。

1880年代に庶民階級向けの学校が国民学校(Volksschule)として再編されることにより，上構型学校体系が確立された。19世紀初めに，都市部では貧しい家庭の子どものための安い授業料で運営される救貧学校が設立された。救貧学校・社団学校（教会が運営）・村落学校が統合する形で設立されたのが8年制の国民学校であった。

ドイツの教育制度が複線型から分岐型に移行したのは，第1次世界大戦後の1920年である。同年4月に成立した「基礎学校教育法」によって，すべての子どもが通わなければいけない4年制の基礎学校（Grundschule）が設置された。そして，5年目に中等学校（大学入学資格取得コースと大学入学資格非取得コースから成る）・中間学校・国民学校上級段階の三つに分かれる構図になった。第2次世界大戦後，中等学校は大学入学資格非取得コースが廃止されギムナジウムに，中間学校は実科学校に，国民学校上級段階は基幹学校にそれぞれ名称変更されて現在に至る。2010年代に，多くの州では3分岐型教育システムが改革されたが，現在のドイツにおいても基本的に維持されている[(8)]。

現在のドイツの学校教育体系は，**図5**のとおりである。まず，すべての子どもが基礎学校に4年間通う。5年目に，ギムナジウム（Gymnasium，8年間か9年間），実科学校（Realschule，6年間），基幹学校（Hauptschule，6年制だが5年で修了可）の三つのコースに分かれる。このうち中等教育修了資格兼大学入学資格であるアビトゥーアを取得できるのは，ギムナジウムのみである。実科学校・基幹学校は，卒業後に職業準備教育を行なうコースである。かつては，基幹学校が前期中等教育段階の半数以上を占めていたのだが，次第にギムナジウムに進学する生徒の割合が増えている。2021・21学年の前期中等教育段階の全生徒数のうちギムナジウムの占める割合は，35.4%にものぼる多数派になる一方で，実科学校の生徒は18.7%，基幹学校の生徒は8.1%と少数派になっている[(9)]。このほか三つの学校を統合した総合制学校がある。この学校は，1970年代に，10歳の時点で将来の進路を決めなければならないことに対して批判が起こったことによって設立された。かつては，一部の州を除いて広がらなかったが，近年再び増加している。総合制学校の生

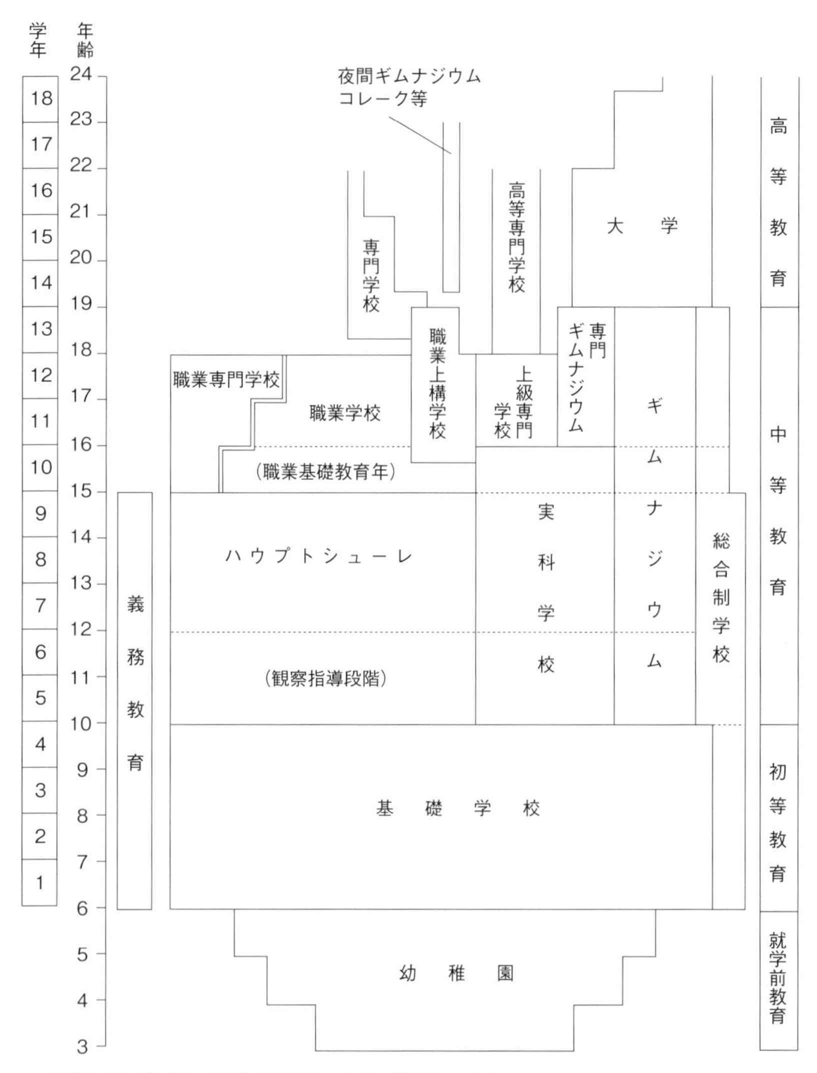

（出所）学校教育研究所編『諸外国の教育の状況』124 頁。

図 5　ドイツの学校系統図

徒の割合は，20.9％である。[10]

そして，ドイツの学校制度の特徴として後期中等教育段階における職業教育機関が充実していることがある。それらは，**図5**における職業学校，職業専門学校，上級専門学校，専門ギムナジウム，専門学校等が相当する。もっとも生徒数の割合が大きいのは，2021・21学年において職業教育機関の生徒数全体の58.4％を占める職業学校である。[11] このコースは，デュアルシステム（Dual System）と呼ばれていて，昼間は企業で職業訓練を受け，夜間や土日に職業学校で一般教育を受ける。週3・4日に相当する時間数を企業で働き，週1・2日に相当する時間数を職業学校で学ぶ。基本的には，製造業をはじめとするブルーカラーの職種が多く，男性の割合が多い（65.0％）のが特徴である。次に多いのは，17.1％を占める職業専門学校である。[12] この学校は，全日制の学校であり，終日学校内で職業実践的な教育を受ける。この学校の特徴は，事務職をはじめとするホワイトカラーの職種が多いのが特徴であり，女性の割合が多い（55.5％）。大部分の生徒は，二つの学校のいずれかに進む。イギリス，フランス，アメリカの職業準備教育は，学校内で行なうか，外部に委託するかの形を取っており，ドイツのように公的な教育機関が学校体系図に入っているのは珍しいと言える。

以上のように，ドイツの学校制度は5年目で分かれる形を取っている。その中で，ギムナジウムの卒業者のみが大学に進学することができる。現在は，ギムナジウム在籍者が3分の1を超える一方で，基幹学校・実科学校に在籍する生徒数は減少を続けている。

(4) アメリカ

このように，ヨーロッパ諸国が複線型からの移行に苦心していたのに対し，別の発展を遂げてきたのがアメリカである。アメリカは，ヨーロッパのように階級社会ではなく，様々な国からの移民によって形成された新しい国家（1776年独立）なので，基本的に単線型学校体系が取られてきた。アメリカの初期の学校は有償の宗教系の学校のみで，教育を受けることのできる子どもは限られていた。

アメリカで単線型学校系統が成立したのは19世紀で，初等教育機関としてコモン・スクールが，中等教育機関としてハイスクールが設立されたことによる。コモン・スクールは８年制の学校で，最初の無償・非宗教的な学校であり，すべての子どもに開放された。この学校の目的は，アメリカの子どもたちに共通の価値体系を学習させることによって，様々な国から移住してきた国民をアメリカ人にすることであった。中等教育機関のハイスクールは，４年制で1821年にボストンに設立されたことに始まり，南北戦争後にアメリカの産業社会の発展に伴って，急速に増加していった。

初期のアメリカの学校制度は，８年間の小学校と４年間のハイスクールという体系であった。しかし，この教育体系では，初等教育から中等教育への接続は，容易ではなく，初等教育中退者の増加やハイスクールから大学へ進学する者の学力水準が問題とされるようになった。

20世紀に初等教育から中等教育への進学率の拡大を目指し，６－３－３制が都市部を中心に導入されるようになった。これは，初等教育機関を６年に短縮し，ハイスクールを上級（シニア）と下級（ジュニア）に分割したものであった。その後，後期中等教育段階で職業教育を行なう工業ハイスクールや商業ハイスクールが作られていった。

図６は，アメリカにおける学校系統図であるが，州や学区によって異なる。8（小学校）－4（4年制ハイスクール）制，6（小学校）－3（下級ハイスクール）－3（上級ハイスクール）制，6（小学校）－6（上級・下級併設ハイスクール）制，5（小学校）－3（ミドルスクール）－4（4年制ハイスクール）制が一般的である。都市部で発達している学校体系は，６－３－３制である。義務教育年限も州によって異なる。[(13)]

アメリカの都市部では，すべての子どもは小学校（6年間）に入学し，下級ハイスクール（3年間），上級ハイスクール（3年間）を経て，コミュニティカレッジ（2年間）や大学（4年間）に進学する。このように州・学区によって学校制度は異なるものの，単線型の教育制度であると言うことができる。

アメリカの学校は，小学校・下級ハイスクールだけではなく上級ハイスクールにおいても進学・入学試験が行なわれることはない。大学への進学については，全国大学入学適性試験(SAT)などを受験し，その結果と上級ハイスクールにおける学業成績やクラブ活動の成績などを基に選考される制度と

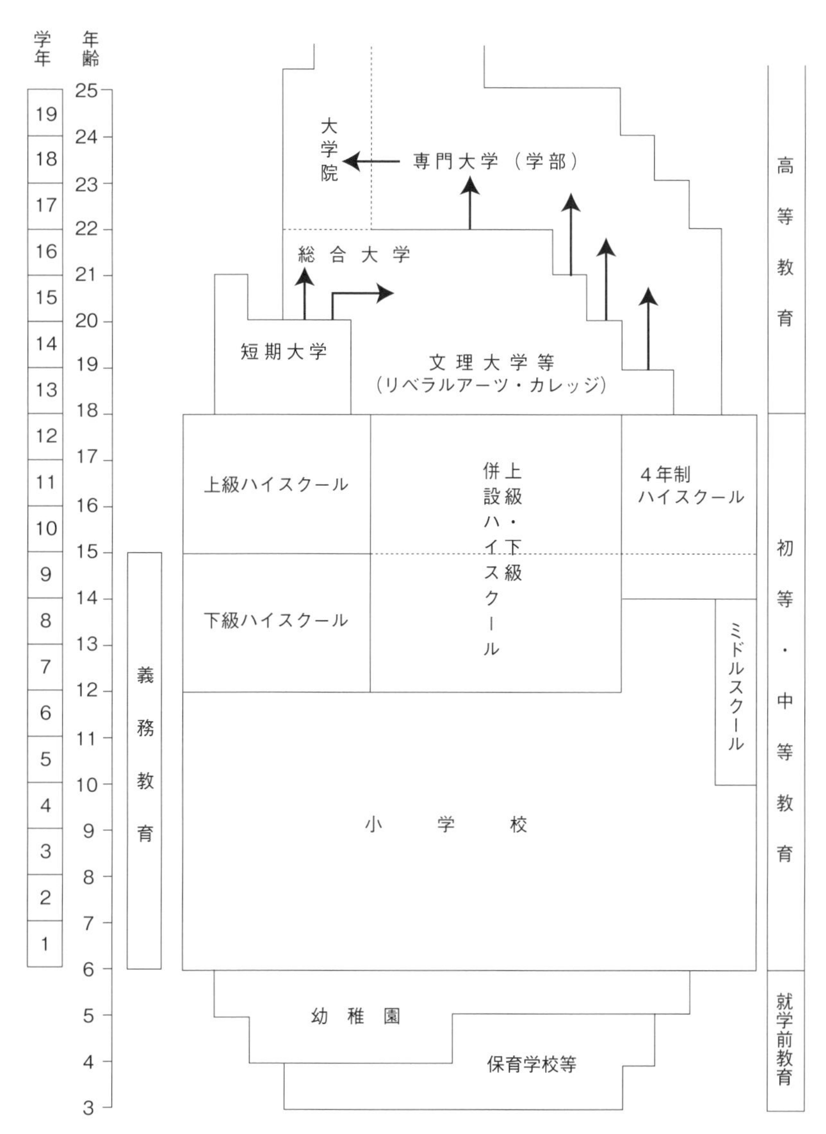

（出所）学校教育研究所編『諸外国の教育の状況』120頁。

図6　アメリカの学校系統図

なっている。入学を希望する大学に対し各学生が自らの成績と志願票を郵送し，大学から合否の通知が来るのを待つというやり方で行なわれる。そのため，全国どの大学でも自由に願書を送ることができる。このように，大学入学に対しては，日本に比べると門戸が開かれているのだが，大学の授業や評価は厳しく，卒業することが難しいという特徴を持っている。この他，コミュニティカレッジと呼ばれる2年制の短期高等教育機関も充実している。

4　日本における学校制度の変遷

最後に，明治時代から現在に至る日本の学校制度の変遷について述べる。明治以前の江戸時代は，身分制社会であり身分によって異なる学校に通っていた。典型的な事例として，武士階級が通う藩校，一般庶民が通う寺子屋がある。その点だけを見ると，複線型学校体系を取っているように見えるのだが，どの身分にも大学・中等学校に相当する教育機関がなかったため，学校制度ができていたとは言い難い。そのため，学校制度が本格的にできあがるのは，明治時代以降になる。

図7は，日本の学校体系の歴史的変遷を示した図である。1872（明治5）年に学制が頒布されることによって最初の学校制度ができあがった。学制による学校体系は，小学（下等3年間・上等3年間）・中学（下等3年間・上等3年間）・大学となっている（①）。この学校体系は，単線型であり，従来の身分に関係なく国民全員が小学校で学ぶという国民皆学の精神を示したものであるが，教育内容や進級が非常に難しく小学を卒業できない子どもが大半であった。また，授業料は有償であったため，授業料を払うことのできない家庭の子どもは学校に通うことすらできなかった。

学制における教育は，様々な問題があったため，1879（明治12）年の教育令で学制が廃止された。翌1880（明治13）年の改正教育令によって日本の学校体系は，単線型から分岐型に移行する。まず，すべての子どもは，共通の尋常小学校（初等科3年間＋中等科3年間）に通い，7年目に中学校（初等科4年間＋高等科2年間）と高等小学校（2年間）に分かれる（②）。この内中学校高等科を卒業することのできた子どものみが大学（4年間）に進むことが

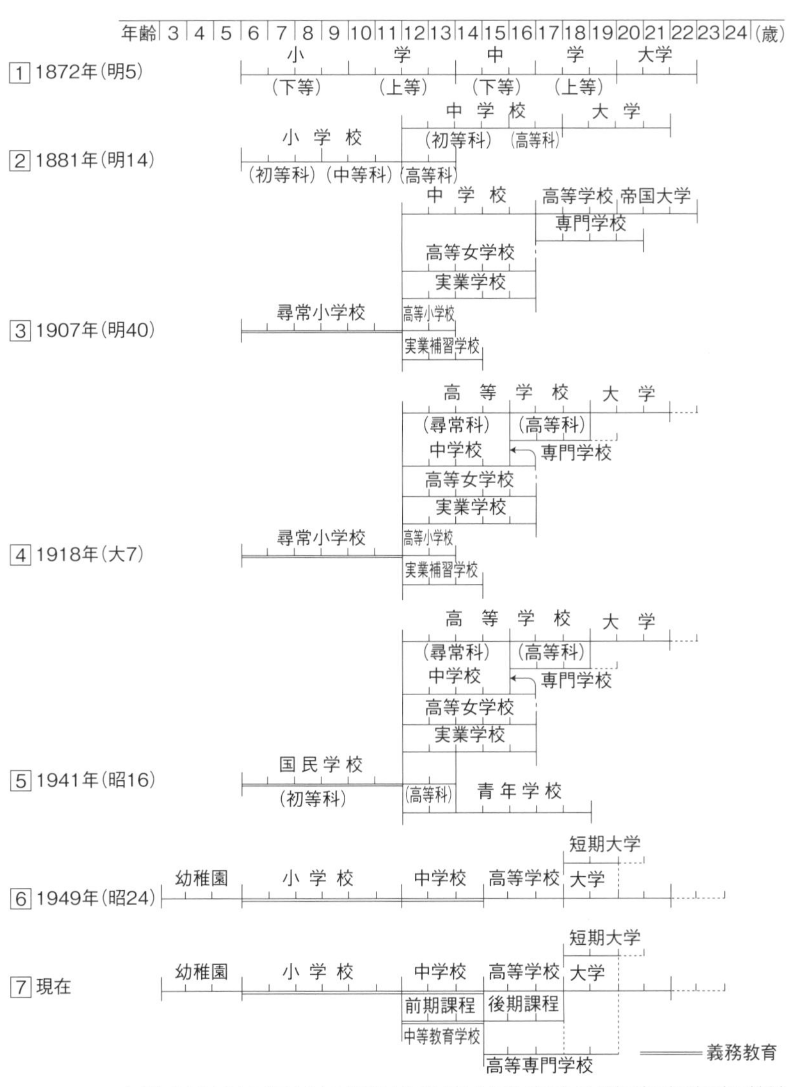

(出所)教育制度研究会『要説　教育制度　新訂版』35頁。

図7　日本の学校体系の歴史的変遷

できた。その一方で小学校高等科を修了した子どもは，就職をすることになる。この改正教育令による学校体系は，1886（明治 19）年に「小学校令」「中学校令」「帝国大学令」が公布されることによって正式に成立する。これによって，帝国大学へ向かう上流階級向けコースと，小学校高等科で終了する庶民階級向けコースからなる分岐型学校体系ができあがる。

明治時代後期には近代化が進み，中等教育段階の職業教育を求める機運が強まり，職業教育を行なう教育機関が設置されていった。まず，1894（明治 27）年に「高等学校令」が公布され，中学校の高等科が「高等学校」（3 年間）として分離・独立し，高等教育機関とされた。高等学校の内部が専門教育を行なう専門学科と帝国大学に進学する大学予科に再編された。それと同時に，中学校の年限が 5 年に延長される一方で，専門科目を中心に学ぶ帝国大学の年限は 3 年に短縮された。次に，1899（明治 30）年に「高等女学校令」と「実業学校令」が公布され，高等女学校（5 年間）と職業準備教育を行なう実業学校（5 年間）が設立された。高等女学校は，女子のための中等教育機関であるのに対し，実業学校は小学校修了者を対象にした職業教育機関である。このほか，実業補習学校（3 年間）も設置されたのだが，基本的には実業学校と同じである。相違点としては，①実業学校の方が年限の長いこと，②主に都市部に実業学校が，農村部に実業補習学校が設置されたことである。これによって中等教育は，多様化するようになった。さらに，1903（明治 33）年には「専門学校令」が公布され，帝国大学以外の官公私立専門学校を認可する形で専門学校（4 年間）が設立された。この学校は，高等学校の専門学科の卒業生が進学する学校になった（③）。

このように，中等・高等教育段階にさまざまな学校が設置されていったのだが，同時にほとんどの子どもが学校に通うようになり，1900（明治 33）年には 4 年間の義務教育期間が設けられるに至った。そして，1907（明治 40）年に小学校令が改正され義務教育期間が 6 年間に延長された。

明治期に完成した分岐型学校系統は，基本的に戦後の 1947（昭和 22）年の学校教育法の公布まで存続する。大正・昭和初期における学校制度をめぐる大きな動きは，① 1918（大正 7）年に高等学校と一部の中学校を統合することによって 7 年制の高等学校が設置されたことと（④），② 1941（昭和 16）年に公布された「国民学校令」によって，尋常小学校と高等小学校が，国民学校初等科と国民学校高等科に名称変更されるとともに，義務教育年限が6年から8年に延長されたことである（5）。

以上が戦前の日本の学校制度である。戦前は，義務教育制度については課程主義，つまり学校が定める教育課程を修了しない限り卒業や義務教育課程修了が認められないものとなっていた。そのため，高等小学校（国民学校高等科）を卒業することさえも容易ではなかった。

第2次世界大戦後に，日本の学校制度はアメリカの都市部の学校制度が導入される形で，分岐型から単線型に移行する。つまり，1947（昭和22）年の学校教育法によって，すべての子どもは小学校（6年間）に通い，中学校（3年間），高等学校（3年間）と進んでいくという構造に再編されたのである。そして，高等学校を卒業した者は，大学（4年間）や短期大学（2年間）に進む（6）。義務教育年限も8年から9年に延長された。戦後の動向として，高等学校と短期大学が一緒になった高等専門学校（5年間），中学校と高等学校が一緒になった中等教育学校（6年間），小学校と中学校が一緒になった義務教育学校（9年間），実践的な教育を行なう専門職大学（4年間），専門職短期大学（2年間）が設立されたものの，大半の子どもは，6－3－3制に進むため，実質的に単線型の学校体系を維持し続けていると言える。

また，戦後の義務教育制度は，年齢主義が採用されるようになった。つまり，一定の年齢を学齢（義務教育期間）と定め，その間のみに就学義務を課す制度に変わったのである。日本では，6歳から15歳までがそれに相当し，戦前によく見られた留年や落第が義務教育段階で行なわれることはなくなった。

第8章　現代の教育問題の原点と将来への展望

現在，さまざまな子どもの個性を重視した教育的取り組みが実践されている。本章では，その原点となる教育思想について述べる。本章では，次世代への教育がどうあるべきかを論ずる。まず，問題解決学習の原点となるプロジェクト・メソッドについて，次に学習者中心教育の個別学習の原点のドルトン・プラン，最後に異年齢集団教育の原点のイエナ・プランについて述べる。本章では，多様な価値観の子どもたちに対して，従来の一律的な教育で対応するのではなく，学習者の興味・関心や自主性を尊重する教育，個人個人の学習意欲を生かした教育を行なう可能性について述べる。

1　課題解決学習（プロジェクト・メソッド）

日本の学習指導要領は，教育目標・授業時間数などを規定する教育課程の基準であり，約10年に1回改訂が行なわれる。1998（平成10）年に改訂された学習指導要領で「総合的な学習の時間」が取り入れられた。それは，自ら課題を見つけ，学び，考え，主体的に判断し，行動し，よりよく問題にアプローチするための問題解決学習のことである。その原点は，アメリカで始められたプロジェクト・メソッド(Project Method)であった。

プロジェクト・メソッドとは，デューイの弟子であるアメリカのウィリアム・キルパトリック（1871 - 1965）が理論的に完成した教育活動のことである。キルパトリックは，デューイの教育思想の影響を受け，それを具体化した。

（出所）キルパトリック『教育哲学1』明治図書，1969年，口絵より。

図1　ウィリアム・キルパトリック

「プロジェクト（計画）」とは，「社会的環境の中で展開される全精神を打ち込んだ目的を持った活動」のことであり，もともとは職業学校や職業教育の実践場面における手工・技術教育の実習方法であった。それがキルパトリックによって，教育一般の方法として捉え直され，その後単元学習の一つの方法理論として学校教育に広く普及していった。

プロジェクトの最大の特徴は，学習者自身の課題・目的意識を出発点とし，それに支えられた活動であるという点にあった。キルパトリックは，プロジェクトを以下の4領域に分けた。一つめは，ボードを作る，手紙を書く，演劇をするなど，ある着想を具体化することである。二つめは，物語を書く，交響音楽を聞く，絵を鑑賞するなど美的経験を楽しむことである。三つめは，知的な困難を解決すること，たとえば昔の北海道は函館や小樽が中心だったのですが，札幌に追い抜かれてしまいました。なぜでしょう？というような問題を解決することである。最後の四つめは，フランス語の不規則動詞を暗記するような技能と知識の取得を目指すことである。

キルパトリックは，プロジェクト（計画）を「目的ある活動（目的的活動）」と考え，その実施過程を「目的・計画・実行・判断」の四つからなるとした。まず，①目的の設定，つまり学習活動を始めることから始まり，②計画，つまり活動を遂行する方法を選択し，③実行，つまり計画を実施し，最後に④判断，つまり活動中の進歩と最後の結果を評価することが入る。

そして，「目的ある活動」として，学習を進めていく過程において，学習者にはさまざまな反応が生じていることにキルパトリックは着目し，三つの学習に分類した。それは，「基本学習」「関連学習」「不随学習」である。基本学習とは，課題として最低限やるべきことができたといった基本反応によって成立する学習である。関連学習とは，何かを学習している時に，学習上の手がかりやアイデアが喚起されることである。不随学習は，与えられた課題とは直接関係なく成立している態度である。この中でキルパトリックは，不随学習が学校教育においてあまり関心が払われていないことを問題視している。というのも不随学習によって人は，学習に対する態度を学習しているからである。たとえば，学習の過程で勉強が好きになることもあれば嫌になることもある。これは，不随学習の結果である。

以上のように，プロジェクト・メソッドをまとめると二つのことが強調されている。第1は，「目的ある活動」を教育の中心に置いた点である。キルパトリックは，どんな社会においても目的を持って活動する人間が教育の目標になると考え，「目的ある活動」を絶対視した。第2は，知識の学習とは別に道徳・宗教に相当する「付随学習」を重視したことである。児童の成長を第1に考える師のデューイと比べると，キルパトリックのプロジェクト・メソッドはやや保守的になったと言うことができる。その保守性のために，アメリカの農村部や，大正時代の日本をはじめとするアジア諸国に広がっていったのである。

2　ドルトン・プラン

現在，一人ひとりの子どもに対応した教育が求められている。その原点は，1920年にアメリカのパーカーストが始めた実践で，ドルトン・プラン（Dalton Plan）と呼ばれている。

ヘレン・パーカースト（1887－1973）は，アメリカ・ウィスコンシン州の大学卒業後に小学校の教師になっていたが，1914年州教育局からモンテッソーリ教育法について報告するように求められたため，イタリアに渡りマリア・モンテッソーリ（1870－1952）に弟子入りすることになった。彼女は，1年間モンテッソーリ教育法を学び，1918年までアメリカのモンテッソーリ教育運動に従事したが，運動が崩壊したことに伴い別の道を歩むことになった。1919年，ウィスコンシン州ドルトン市のハイスクールの教師に就職し，1920年に独自の教育法を実践し，以後は「ドルトン・プラン」として世界的に知られることになった。ドルトン・プランは，「ハウス」「アサインメント」「ラボラトリー」の三つの柱からなっている。

（出所）パーカースト『ドルトン・プランの教育』明治図書，1974年，口絵より。

図2　ヘレン・パーカースト

ドルトン・プランでは，まずすべての生徒は「ハウス」に所属する。ハウスは，一般的には教室に相当するのだが，学年もなく年齢も異なる者たちと一緒に学ぶ学習環境のことである。ハウス内では，学級担任がハウスアドバイザーとして，生徒の親のように振る舞い，常に生徒を見守っている。また，生徒・保護者・専門の先生間の関係をつなぐコーディネーターの役割も果たしている。

次に，教育内容について述べる。まず教科を主要教科（国語，数学，理科，歴史，地理，外国語等）と副次教科（音楽，美術，体育，家庭等）とに分ける。主要教科の学習は午前中に，副次教科の学習は午後に集団指導の形で行なわれる。主要教科は，子どもの能力に対応するために，カリキュラムを難易度別に三つに分ける。各生徒には，1年間で達成しなければならない内容を提示し，それを1か月ごとに分割して「アサインメント（契約）」とする。アサインメントは，各生徒が教師と契約を結ぶ形で実行され，課題を与えながら，意欲・集中力・考える力を養い，楽しみながら好奇心や興味・関心を追求できるように構成されている。また，何をいつまでに提出するという期限を守るということは，アサインメントを通して身につけることができる。

最後に，生徒の学習場所について述べる。生徒は，教科ごとに分かれた「ラボラトリー（実験室）」に行き，そこで教科の専門家の指導を受けながら学習を進めていく。ラボラトリーは，専門性を高め，話し合いを集中して行なえるような特別な空間であり，参考図書，計量器，実験用器具，地図，地球儀等の学習道具が集められている。

ドルトン・プランを構成する基本原理として，パーカーストは「自由」と「協同」の原理を挙げている。「自由」の原理とは，生徒のやる気や興味を引き出し，一人ひとりがやりたいことや考えたいこと，そして実践方法を含めて自由に取り組める環境を整備することである。学習時間を十分に与え，じっくりと物事に取り組む姿勢を養い，生徒が自主性や創造性を発揮できるように指導することが教師には求められる。そして，「協同」の原理はさまざまな年齢の生徒と交流して学校生活を送ることである。集団の一員として責任を持って行動できるようになり，価値観や意見の相違を理解しながら，社会性や協調性を身につけることができる。このように，自由の原理と協同の原理は，社会に出て集団に所属した時に，特定の考え方を押し付けられるのではなく，所属した社会集団や他の集団との接触を通して，集団の持つ価値や規範への同調・適応をしていくうちに，自らの限界を認識することの重要性を示している。

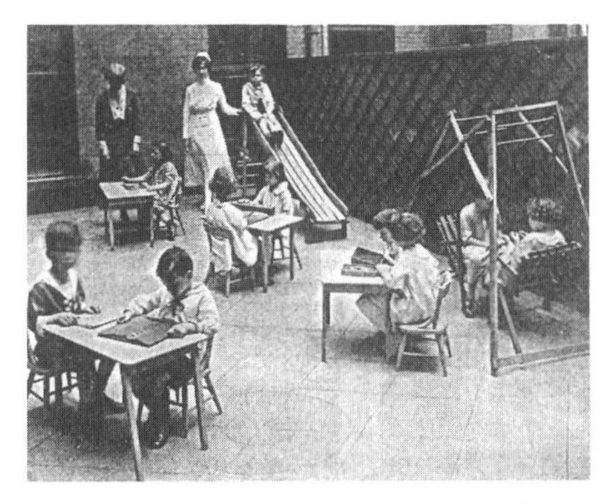

（出所）伊藤朋子『ドルトン・プランにおける「自由」と「協同」の教育的構造』風間書房，2007年，22頁。

図3　創立当初のドルトン・スクールの様子

ドルトン・プランは，特に日本を含むアジア諸国への影響が大きかった。日本で組織的にドルトン・プランが実施されたのは，成城学園，熊本第1高等女学校，福井師範学校附属小学校，愛媛師範学校附属小学校，岡山県倉敷小学校，福岡県大牟田市のすべての小学校であった[(1)]。しかし，伊藤によると，日本のドルトン・プランの実践内容には「ハウス」の概念が伝わっていなかった。つまり，日本ではパーカーストが導入した「家庭的なハウス・システム」ではなく，「近代学校教育における一斉教授方式をイメージした学級」として「ハウス」を捉えたのである[(2)]。日本のドルトン・プラン教育は，1930

年代以降軍国主義に突き進む中で，急速に衰退していった。そして，40 年後まったく別の形でドルトン・プランが復活したのである。

学習塾を経営している河合塾は，1976 年にニューヨークのドルトン・スクールと連携し，東京と名古屋に早期英才教育を行なうドルトン・スクールを開校し，0 歳から 5 歳までの就学前教育と小学生を対象にしたアフタースクールに取り組むようになった。そこでは，子ども一人ひとりの興味・能力に応じたプログラムが作られ，個人の能力を最大限に引き出すことが図られている。さらに 2019 年 4 月からは私立の中等教育機関として，ドルトン東京学園中等部・高等部が設置され，中等教育段階にも挑戦している。

3 イエナ・プラン

イエナ・プラン（Jena Plan）とは，ドイツのイエナ大学のペーター・ペーターゼン（1884 - 1952）が 1924 年にイエナ大学附属学校で始めた教育実践のことである。「イエナ・プラン」という名称は，1926 年にスイスのロカルノで開催された新教育フェローシップの第 4 回国際会議で，ペーターゼンが附属学校での実践を報告した際に，フェローシップのメンバーから「イエナ・プラン」と命名されたことに由来している。ペーターゼンは，この会議での報告を元にして，「小さなイエナ・プラン」を刊行し，現在に至るまでイエナ・プラン関係者のバイブルとなっている。このように，教育実践自体はドイツで始まったのだが，現在はオランダでもっとも盛んになっている。その大きな特徴は，子どもたちを基幹集団と呼ばれる異年齢のグループでクラス編成したことである。

イエナ・プランは，年齢別学年学級を廃止し，それに代わる基幹集団を編成した。基幹集団は，4 段階に分かれている。第 1 学年から第 3 学年までの下級集団，第 4 学年から第 6 学年までの中級集団，第 6 学年から第 8 学年までの上級集団，第 8 学年から第 10 学年までの青年集団である。基幹集団の子どもの数は，下級・中級集団では 40 人，上級・青年集団では 30 - 35 人を上限に設定されている。

基幹集団の部屋は，学校のような教室ではなく，「学校居間（居室）」と呼ばれ，そこには移動可能な机や椅子があった。子どもたちは，教師によって学習が強制されることはなく，移動の自由が認められ，自由に作業を進めることができる。学習ごとに小グループが構成され，個人的に気が合う子ども同士，共通の興味，共通の活動などによって決められる。このメンバーは，固定的ではなく，活動内容・学習内容によって変化した。20 世紀前半の学校で一般的であった，強制的・機械的に学年や学級が決められていたことと対照的であった。

（出所）ペーターゼン『学校と授業の変革』明治図書，1984 年，口絵より。

図 4　ペーター・ペーターゼン

ペーターゼンが基幹集団を編成した背景には，ドイツにおける高い落第率があった。具体的には，「プロイセンにおいては，1910 − 11 年には 8 つの学級から 45 パーセントが卒業したにすぎなかった。……ハンブルクにおいては，1912 年に 50 パーセント以上が留年している[(3)]」状態であった。当時のドイツは，8 年制の国民学校が初等教育機関であったのだが，全体の半数以上の児童が卒業できないで中退しているのが実態であった。

それに対して，イエナ・プランでは，「どの子どもも決して落第ということはなく，一段階の基幹集団に三年間在学して学習を続けたら，次の段階へ進むことができる[(4)]」ようになっていた。つまり，進級が可能かどうかは，学力テストの成績ではなく，集団内の活動に参加できていたかどうかという平常点によって決められていた。

学校での教育は，談話（会話），遊び，作業（仕事，学習），行事（催し）からなっている。談話は，月曜日と土曜日に丸い輪になって教師と子どもが一緒になってテーマを設けて話し合う。遊びは，遊びを通して学ぶことであり，計算，話し方，唱歌，詩歌の学習や練習のための遊びも含まれていて，全学年で繰り返される。作業は，集団授業や技術で多く見られるが，子どもや年齢に応じて異なったやり方が取られる。学校花壇や教室を整理・整頓することも作業に含まれる。行事は，仲間の誕生祝い，クリスマス，復活祭，

（出所）同前。

図5　中級および上級集団の生徒たちによる簡単な木工作業（1926年秋）

（出所）同前。

図6　月曜午後の自由な木工作業（1929年春）

学校創立記念日に行なわれる。これら四つの活動を循環的に行なうために，時間割は教科別に作られることはなく，活動を交替させながら教育が行なわれる。

日本におけるイエナ・プランは，リヒテルズ直子がオランダのイエナ・プランに関する本を2004年と2006年に出版したことをきっかけにして，日本の学校教育にも取り入られるようになった。2010年，日本でイエナ・プランに関心を持つ学校教育関係者，研究者，一般市民が集まり，リヒテルズ直子を代表とする日本イエナ・プラン教育協会が設立された。さらに，2019年には，長野県佐久穂町の（私立）大日向小学校が日本で最初のイエナ・プラン学校に認定された。2022年春には，広島県福山市に公立初のイエナ・プラン実践校が開校された。

注

■第1章

(1)　educereとeducareとの違いについては，齋藤が語源から詳細に研究しており，齋藤の説に依った。齋藤昭『教育的存在論の探究――教育哲学叙説』世界思想社，1999年，5-9頁。斎藤は従来の「教育」の意味がeducereの意味に偏って解釈されていることを指摘している。確かに研究社『羅和辞典』のeducoの項でも「1．育て上げる，教育する」「2．教育する，しつける」となっている（田中秀央編『羅和辞典』研究社，1998年，209頁）。本稿では齋藤の説を踏襲すると同時に，さらに両方の観点が教育において重要であると指摘した。

(2)　吉田熊次「陶冶学」『教育学事典　第4巻』平凡社，1956年，342頁。

(3)　吉田熊次「陶冶」『教育学事典　第4巻』平凡社，1956年，341頁。

(4)　ガダマー『真理と方法1』法政大学出版局，1986年，12-20頁参照。

(5)　ガダマーは次のように述べ，ディルタイ派の教養観との違いを示唆している。「事実，十九世紀の精神科学にそれ本来の生命を与えていたのは，精神科学自身はそれとして認めてはいないが，なおも生き続けていた人文主義的な教養思想であることを，われわれは見るであろう」（ガダマー，前掲書，25頁）。

(6)　三井為友「一般陶冶」，下中弥三郎編『教育学事典　第1巻』平凡社，1954年，72頁。

(7)　鈴木寿雄「職業教育」『新教育学大事典　第4巻』第一法規出版，1991年，185頁。

(8)　三井は一般陶冶が職業陶冶と融合する可能性について「職業陶冶と並列して折衷的にその存在を主張する立場」と「職業教育に浸透しながら，それをつつみこえる高度の価値を認めようとする立場」があると言及している（三井，前掲，73頁）。本論の立場は後者の立場に近いが，さらに一般陶冶にも職業陶冶的要素を取り入れようと主張している。

(9)　小笠原道雄「形式陶冶，実質陶冶」『新教育学大事典　第4巻』第一法規出版，1991年，14頁。

(10)　小笠原，前掲，15頁。

(11)　小笠原，前掲，15頁。

(12)　二宮は世界の学校を類型化し四つに分けている。「ヨーロッパ大陸の学校類型」，「旧社会主義諸国の学校類型」，「英米諸国の学校類型（思い出の残る学校）」，「グローバル化時代の学校」である。とりわけ一つ目の学校が「「勉強」中心の学校」と特徴づけられ，三つ目の学校が「思い出の残る学校」と特徴づけられる。本稿では知識学習と人間性育成という観点からこの二つの視点のみを取り上げた。二宮皓「グローバル化する世界の学校を旅する」『世界の学校　教育制度から日常の学校風景まで』学事出版，2014年，8－10頁。

(13) この3区分は古典的な区分であるが，石村はそれぞれの教師観の歴史を詳細に述べている。石村卓也『教職論――これから求められる教員の資質能力』昭和堂，2008年，17－39頁参照。

(14) 中央教育審議会答申「これからの学校教育を担う教員の資質能力の向上について～学び合い，高め合う教員育成コミュニティの構築に向けて～」2019年。下記の文部科学省のサイトを参照。https://www.mext.go.jp/b_menu/shingi/chukyo/chukyo3/079/sonota/1412985.htm（2021年11月5日確認）

(15) 文部科学省『小学校学習指導要領解説　総則編』東洋館出版社，2018年，77頁。

(16) 同上，39頁。

(17) 次のサイトを参照。https://www.mext.go.jp/content/1421692_4.pdf（2021年11月5日確認）

(18) 次の概要を参照。https://www.mext.go.jp/component/b_menu/shingi/toushin/_icsFiles/afieldfile/2019/03/08/1412993_4_1.pdf（2021年11月5日確認）

(19) https://www.mext.go.jp/content/20191219-mxt_syoto01_000003363_10.pdf（2021年11月5日確認）

(20) 次の概要を参照。https://www.mext.go.jp/content/20210126-mxt_syoto02-000012321_1-4.pdf（2021年11月5日確認）

■第2章

(1) 『テアイテトス』152A（邦訳は『プラトン全集2』田中美知太郎訳，岩波書店，1974年を参照）。

(2) アームストロング『古代哲学史』岡野昌雄・川田親之訳，みすず書房，1987年，32頁。

(3) 『国家』338C（邦訳は『プラトン全集11』藤沢令夫訳，岩波書店，1976年を参照）。

(4) モンロー『教育史概説　改訂版』川崎源訳，理想社，1967年，51頁。

(5) アームストロング，前掲書，39頁。

(6) 同上，40頁。

(7) 『ソクラテスの弁明』21D（邦訳は『プラトン全集1』田中美知太郎訳，岩波書店，1975年を参照）。

(8) アームストロング，前掲書，37頁。

(9) 同上，42頁。

(10) 三木清「ソクラテス」『三木清全集9』岩波書店，1985年，424頁。

(11) 同上，398頁。

(12) 同上，396－397頁。

(13) 同上，400頁。

(14) 長田新監修『西洋教育史』御茶の水書房，1959年，29－30頁。

(15)　三木清，前掲書，400頁。
(16)　『国家』434E参照。以下『国家』の頁数のみを記載。
(17)　もっともプラトンは無条件に「気概」が理知的部分に味方するとは考えていない。悪しき教育によって育てられた魂においては，逆に気概は欲望を助長することもある。
(18)　アームストロング，前掲書，77頁。
(19)　同上，76頁。
(20)　アリストテレス『形而上学（上）』出隆訳，岩波文庫，1959年，62頁（991b）。
(21)　アームストロング，前掲書，100頁。
(22)　同上，107頁。
(23)　アリストテレス『形而上学（下）』前掲，30－31頁（1048a）参照。
(24)　アリストテレス『ニコマコス倫理学（上）』岩波文庫，1971年，55頁（1103a）。
(25)　アリストテレス『政治学』山本光雄訳，岩波文庫，1961年，364頁（1338a）。
(26)　以下，コメニウス『大教授学』稲富栄次郎訳，玉川大学出版部，1956年から頁数を記載。
(27)　モンロー『教育史概説　改訂版』川崎源訳，理想社，1967年，153－159頁参照。
(28)　同上，157頁。
(29)　『世界図絵』の意義に関しては，『世界図絵』の邦訳（井ノ口淳三訳，ミネルヴァ書房，1988年）の付録参照（175－195頁）。

■第3章

(1)　ロック『人間知性論』（『ロック　ヒューム』大槻春彦訳，中央公論新社，1980年）81頁。
(2)　同上，82頁。
(3)　岩田朝一『ロックの教育思想』学苑社，1983年，23頁。
(4)　同上，30－31頁。
(5)　ロック『教育に関する考察』服部知文訳，岩波文庫，1967年，14頁。以下，本文中に頁数を記載。
(6)　岩田はロックが評判による道徳教育を力説している点を解説しているが，このような評判による教育は学校ではなく家庭において育成されるとロックが述べている点に着目している。岩田朝一『ロックの教育思想』学苑社，1983年，62－77頁参照。
(7)　以下，ルソー『エミール』（上・中・下）今野一雄訳，岩波文庫，1962－1964年から巻号・頁数を記載。
(8)　モンロー，前掲書，180頁。なおモンローはルソーにおける発達段階の年齢区分を下記のように定めている。乳児期＝1－5歳，幼児期＝5－12歳，児童期＝12－15歳，思春期＝15－20歳，青年期＝20歳以後。
(9)　ペスタロッチー『隠者の夕暮・白鳥の歌・基礎陶冶の理念』東岸克好・米山弘訳，玉川大学出版部，1989年，263頁。

(10) 以下，ペスタロッチー『ゲルトルートは如何にしてその子等を教うるか』鯵坂二夫訳，玉川大学出版部，1952年より引用。頁数のみ記載。

(11) ボルノウはロマン主義を前期と後期とに分ける。ボルノウはフレーベルを後期ロマン主義（ブレンターノ等）ではなく，前期ロマン主義（ベーメ等）として理解する（ボルノウ『フレーベルの教育学』岡本英明訳，理想社，1973年，21－41頁）。

(12) フレーベル『人間の教育』（上・下）荒井武訳，岩波文庫，1964年より引用。引用後に頁数のみを記載した。

(13) フレーベル『フレーベル全集　第4巻　幼稚園教育学』荘司雅子訳，1979年，玉川大学出版部，78－81頁。原著は1862・1874年刊。

(14) 同上，94頁。

(15) 玉成恩物研究会編著『フレーベルの恩物であそぼう』フレーベル館，2000年，11－24頁参照。

■第4章

(1) 以下，シュライエルマッハー『教育学講義』長井和雄・西村皓訳，玉川大学出版部，1999年から頁数を記載。

(2) 以下，ヘルバルト『一般教育学』三枝孝弘訳，明治図書，1960年から頁数を記載。

(3) ヘルベルトが「興味」を基に子どもの人格形成をめざしたことについては田中潤一「直観教授の意義と方法――コメニウス・ペスタロッチーからディルタイへ」『佛教大学教育学部紀要』第10号，2011年，91－93頁に詳しく述べているので参照されたい。

(4) 以下，ディルタイ「普遍妥当的教育学の可能性について」『ディルタイ論文集　道徳・教育・認識・論理の基礎づけ』鬼頭英一訳，公論社，1987年から頁数を記載。原典は1888年。

(5) ディルタイの直観教授と「興味」論については，上記の田中潤一「直観教授の意義と方法―コメニウス・ペスタロッチーからディルタイへ」『佛教大学教育学部紀要』第10号，2011年，97－98頁に詳しく述べているので，こちらも参照されたい。

(6) 以下，ディルタイ「教育学の体系草稿」『ディルタイ教育学論集』日本ディルタイ協会訳・舟山俊明訳，以文社，1987年から頁数を記載。原典は1934年。

(7) 以下，デューイ『学校と社会――子どもとカリキュラム』市村尚久訳，講談社学術文庫，1998年から頁数で記載。

(8) 戦後の情報化と教育については田中圭治郎「わが国における学校教育の歴史的変遷」『教育学の基礎』（ナカニシヤ出版，2005年，249－250頁）参照。ウッズ・ホール会議についてはブルーナー『教育の過程』鈴木祥蔵・佐藤三郎訳，岩波書店，1963年の「まえがき」に詳しく述べられている。

(9) 以下，ブルーナー『教育の過程』鈴木祥蔵・佐藤三郎訳，岩波書店，1963年から頁数を記載。

■第 5 章

(1) カバリー『カバリー教育史』川崎源訳，大和書房，1985 年，58 頁。
(2) 東岸克好『西洋教育史』玉川大学出版部，1986 年，58 頁。
(3) ハスキンズ『大学の起源』青木靖三・三浦常司訳，八坂書房，2009 年，28 頁。
(4) 同上，41 - 42 頁。
(5) 長尾十三二『西洋教育史［第二版］』東京大学出版会，1991 年，67 - 69 頁。修道院学校についての詳細は，詳細は，山内芳文「『車輪の下』の虚構――ヴュルテンベルク神学校小史」筑波大学大学院人間総合科学研究科教育学専攻『教育学論集』第 2 集，2006 年を参照。
(6) かつては「かねさわ」と呼ぶのが一般的であったが，江戸時代に加賀前田家の金沢（かなざわ）藩が有名になったため，現在は「かなざわ」と呼ばれている。
(7) 上杉憲実は，足利学校だけではなく，鎌倉幕府滅亡によって衰退した金沢文庫も再興したことで知られている。
(8) セミナリヨ，コレジオ，ノビシヤドの教育内容の詳細は，桑原直己「キリシタン時代における日本のイエズス会学校教育」『哲学・思想論集』第 34 号，2008 年を参照。
(9) 旗本・御家人は，ともに知行が 1 万石未満の徳川直参の家臣である。旗本は，将軍が直接会う御目見（おめみえ）以上の家格であるのに対し，御目見未満の家格の家は御家人とされた。

■第 6 章

(1) ドイツ語では，カリキュラムのことを「教授プラン(Lehrplan)」と言い，フランス語・ロシア語では「教授プログラム」と呼ばれている。
(2) 当時のアメリカの学校制度は，小学校 8 年と高校（ハイスクール）4 年であった。
(3) 田中耕治・水原克敏・三石初雄・西岡加名恵『新しい時代の教育課程』有斐閣アルマ，2005 年，217 頁。
(4) 文部省『カリキュラム開発の課題』大蔵省印刷局，1975 年，9 頁。

■第 7 章

(1) たとえば，オーストリアでは，マリア・テレジアが 1774 年に公布した一般教育法によってすべての子どもに 1 - 2 年間の教育を受けることを義務づけたのだが，初等教育段階の義務教育でさえこの時期には普及していなかった。
(2) 森原隆「フランスのアンシャン・レジーム期における教育」浅野啓子・佐久間弘展『教育の社会史――ヨーロッパ中・近世』知泉書館，2006 年，259 - 261 頁。
(3) クレルモン・コレージュは，1674 年にルイ 14 世にちなんでルイ＝ル＝グラン・コレージュと名称変更された。現在は，ルイ・ルイ＝ル＝グランと呼ばれ，フランスのエリート教育に主導的な役割を果たしている。
(4) 天野千恵子『子どもと学校の世紀―― 18 世紀フランスの社会文化史』岩波書店，

2007年，99頁。

(5) 同上，27－28頁。

(6) これに対し，カトリックの多いオーストリアでは，学術ギムナジウム（Akademisches Gymnasium）に名称が一本化されている。

(7) プロギムナジウムは，カリキュラムはギムナジウムと変わらないのだが，7年で終わる学校である。実科ギムナジウム・実科プロギムナジウムは，ラテン語の授業時間を減らしギリシア語を教授しないで，英語や自然科学の授業時間を増やす学校で，前者が9年制で後者は7年制である。高等実科学校・実科学校は，ラテン語・ギリシア語を教授しないでその分を数学・自然科学の授業時間を増やす学校であり，前者が9年制で後者が7年制である。

(8) 一部のドイツの州では2010年代に教育制度改革が行なわれ，基幹学校と実科学校が統合され，大学進学が可能な学校に再編された。しかし，修了資格はそのまま残っているため，三分岐型は維持されているとも言える。卜部匡司「ドイツにおける中等教育制度改革動向に関する一考察」『徳山大学論叢』第74巻。

(9) ドイツ統計局のホームページより。

(10) Ebd.

(11) Ebd.

(12) Ebd.

(13) 6－7歳から16歳が一般的である。しかし，カリフォルニア，コネチカット，カンザス，オハイオ，ウィスコンシンの各州では，18歳まで無償の義務教育を提供している。

■第8章

(1) 伊藤朋子『ドルトン・プランにおける「自由」と「協同」の教育的構造』風間書房，2007年，112頁。

(2) 同上，118－119頁。

(3) ペーターゼン『学校と授業の変革――小イエナ・プラン』三枝孝弘・山崎準二訳，明治図書出版，1984年，104－105頁。

(4) 同上，57頁。

引用・参考文献

天野知恵子『子どもと学校の世紀——18世紀フランスの社会文化史』岩波書店，2007年。
天野正輝編集『教育課程——重要用語300の基礎知識』明治図書，1999年。
アームストロング『古代哲学史』岡野昌雄・川田親之訳，みすず書房，1999年。
アリストテレス『形而上学（上・下）』出隆訳，岩波文庫，1959年，1961年。
————『ニコマコス倫理学（上・下）』高田三郎訳，岩波文庫，1971年，1973年。
————『政治学』山本光雄訳，岩波文庫，1961年。
石川松太郎『日本教育史』玉川大学出版部，1987年。
石附実編著『比較・国際教育学』東信堂，1996年。
石村卓也『教育課程——これから求められるカリキュラム開発力』昭和堂，2009年。
伊藤一雄『職業と人間形成の社会学——職業教育と進路指導』法律文化社，1998年。
伊藤朋子『ドルトン・プランにおける「自由」と「協同」の教育的構造』風間書房，2007年。
伊東義征・平向功一・田中潤一「教員の資質向上に関する一考察」『札幌大谷大学・札幌大谷大学短期大学部紀要』41号，2011年。
今井康雄『教育思想史』有斐閣，2009年。
イリッチ『脱学校の社会』東洋・小澤周三訳，東京創元社，1977年。
岩崎武雄『西洋哲学史』有斐閣，1995年。
岩田朝一『ロックの教育思想』学苑社，1983年。
梅根悟『西洋教育思想史』誠文堂新光社，1968年。
大阪市立児童相談所『大阪市立児童相談所紀要』〈児童問題調査資料集第2巻〉大空社，1992年〔初版1922年〕。
大槻春彦責任編集『ロック　ヒューム』中央公論新社，1998年。
尾上雅信『西洋教育史』ミネルヴァ書房，2018年。
長田新監修『西洋教育史』お茶の水書房，1972年。
小原国芳『全人教育論』玉川大学出版部，1969年。
学校教育研究所編『諸外国の教育の状況』学校教育研究所，2006年。
勝山吉章『西洋の教育の歴史を知る』あいり出版，2011年。
カバリー『カバリー教育史』川崎源訳，大和書房，1985年。
カント『純粋理性批判』〈世界の大思想〉高峯一愚訳，河出書房新社，1965年。
————『実践理性批判』〈世界の大思想〉樫山欽四郎訳，河出書房新社，1965年。
————『道徳形而上学原論』篠田英雄訳，岩波文庫，1976年。
教育制度研究会『要説　教育制度　新訂版』学術図書出版社，2003年。

教員養成基礎教養研究会編『生徒指導の研究――生徒指導・教育相談・進路指導，学級・ホームルーム経営』教育出版，1994 年。

キルパトリック『プロジェクト法』市村尚久訳，明玄書房，1967 年。

桑原敏明「フランス～強い伝統：自由と責任～」佐藤三郎編『世界の教育改革―― 21 世紀への架ヶ橋』東信堂，1999 年。

小泉令三『よくわかる生徒指導・キャリア教育』ミネルヴァ書房，2010 年。

高坂正顕『西洋哲学史』創文社，1971 年。

児美川孝一郎『権利としてのキャリア教育』明石書店，2007 年。

コメニウス『大教授学』稲富栄次郎訳，玉川大学出版部，1969 年。

――――『大教授学 2』鈴木秀勇訳，明治図書，1976 年。

――――『世界図絵』井ノ口淳三訳，ミネルヴァ書房，1988 年。

坂本昭『進路指導・キャリア教育論　改訂版』中川書店，2010 年。

佐藤環『日本の教育史』あいり出版，2013 年。

佐藤隆之『キルパトリック教育思想の研究――アメリカにおけるプロジェクト・メソッド論の形成と展開』風間書房，2004 年。

佐藤学『教育方法学』岩波書店，1996 年。

シュプランガー『フレーベルの思想界より』小笠原道雄訳，玉川大学出版部，1983 年。

仙﨑武・藤田晃之・三村隆男・鹿嶋研之助・池場望・下村英雄編著『キャリア教育の系譜と展開』社団法人雇用問題研究会，2008 年。

タイラー『現代カリキュラムの基礎――教育課程編成のための』金子孫一監訳，日本教育経営協会，1978 年。

田中克佳『教育史』川島書店，1987 年。

田中圭治郎編著『教育学の基礎』ナカニシヤ出版，2005 年。

田中耕治・水原克敏・三石初雄・西岡加名恵著『改訂版　新しい時代の教育課程』有斐閣アルマ，2005 年。

田中耕治編『よくわかる教育課程』ミネルヴァ書房，2009 年。

田中潤一「言語活動としての教養――学校教育における教養」『若者の未来をひらく――教養と教育』角川学芸出版，2011 年。

――――「直観教授の意義と方法――コメニウス，ペスタロッチーからディルタイへ」『佛教大学教育学部学会紀要』10 号，佛教大学教育学部学会，2011 年。

――――「ディルタイ教育学とその時代――日本における受容を中心に」『教育科学セミナリー』52 号，関西大学教育学会，2021 年。

ディルタイ『教育学論集』西村皓監訳，以文社，1987 年。

デューイ『学校と社会』宮原誠一訳，岩波文庫，1957 年。

長尾十三二『西洋教育史［第二版］』東京大学出版会，1991 年。

二宮皓編著『世界の学校』学事出版，2006 年。

パーカースト『ドルトン・プランの教育』赤井米吉訳，明治図書出版，1974 年。

ハスキンズ『大学の起源』青木靖三・三浦常司訳，八坂書房，2009 年。
東岸克好『西洋教育史』玉川大学出版部，1986 年。
平沢茂編著『教育の方法と技術』図書文化社，2006 年。
プラトン『プラトン全集 1』田中美知太郎訳，岩波書店，1975 年。
――――『プラトン全集 2』田中美知太郎訳，岩波書店，1974 年。
――――『プラトン全集 11』藤沢令夫訳，岩波書店，1976 年。
ブルーム『すべての子どもにたしかな学力を』稲葉宏雄・大西匡哉監訳，明治図書出版，1986 年。
フレーベル『人間の教育（上・下）』荒井武訳，岩波文庫，1964 年。
ペスタロッチー『隠者の夕暮・白鳥の歌・基礎陶冶の理念』東岸克好・米山弘訳，玉川大学出版部，1989 年。
――――『ゲルトルート教育法・シュタンツ便り』前原寿・石橋哲成訳，玉川大学出版部，1987 年。
――――『ペスタロッチー 3』鯵坂二夫監訳，玉川大学出版部，1952 年。
ペーターゼン『学校と授業の変革――小イエナ・プラン』三枝孝弘・山崎準二，明治図書出版，1984 年。
ヘルバルト『一般教育学』三枝孝弘訳，明治図書，1960 年。
ホイト，ケネス編著『キャリア教育――歴史と未来』仙崎武・藤田晃之・三村隆男・下村英雄訳，社団法人雇用問題研究会，2005 年。
ボルノウ『フレーベルの教育学』岡本英明訳，理想社，1973 年。
前田更子『私立学校からみる近代フランス――19 世紀リヨンのエリート教育』昭和堂，2009 年。
三木清『三木清全集 9』岩波書店，1967 年。
三村隆男『新訂　キャリア教育入門』実業之日本社，2004 年。
ミュツェンハイム，パウル／酒井玲子編『写真によるフレーベルの生涯と活動』玉川大学出版部，1982 年。
ミュラー／リンガー／サイモン編『現代教育システムの形成』晃洋書房，1989 年。
森原隆「フランスのアンシャン・レジーム期における教育」浅野啓子・佐久間弘展編著『教育の社会史――ヨーロッパ中・近世』知泉書館，2006 年。
文部省『カリキュラム開発の課題』大蔵省印刷局，1975 年。
モンロー『教育史概説』川崎源訳，理想社，1967 年。
横尾壮英『西洋教育史』福村出版，1978 年。
吉田辰雄編『21 世紀の進路指導事典』ブレーン出版，2001 年。
吉田辰雄・篠翰『進路指導・キャリア教育の理論と実践』日本文化科学社，2007 年。
寄川条路編著『若者の未来をひらく』角川学芸出版，2011 年。
リヒテルズ直子『オランダの教育――多様性が一人ひとりの子どもを育てる』平凡社，2004 年。

――――『オランダの個別教育はなぜ成功したのか――イエナ・プラン教育に学ぶ』平凡社，2006 年。
ルソー『エミール（上・中・下)』今野一雄訳，岩波文庫，1962 - 1964 年。
――――『エミール』平岡昇監訳，『世界の名著 36　ルソー』中公バックス，1978 年。
ルントグレーン『ドイツ学校社会史概観』望田幸男監訳，晃洋書房，1995 年。
ロック『教育に関する考察』服部知文訳，岩波文庫，1967 年。
Dilthey, Wilhelm, *Der Aufbau der geschichtlichen Welt in den Geisteswissenshaften*, Gesammelte Schriften Bd7, Göttingen, 1992.
Eisner, Elliot W., *The Educational Imagination On the Design and Evaluation of School Programs*, New York, 1979.

おわりに
――教育思想を現代に生かすためには――

本書では，教育の源流についてさまざまな観点から学んできた。前半の4章は，教育思想史・教育哲学についてまとめられている。それは，教育の基礎概念（第1章），古代から中世までの教育思想（第2章），近世から近代までの教育思想（第3章），現代の教育思想（第4章）に分けられる。どの教育思想も現代の教育につながる源流となっている。後半の4章は，教育制度史や教育方法論の歴史についてまとめられている。ヨーロッパと日本における古代から近世までの学校教育の歴史（第5章），現代のカリキュラム論（第6章），近代公教育制度の歴史的変遷と現代の学校教育制度（第7章），現代の教育問題につながる教育思想（第8章）に分けられる。

第7章と第8章は，次世代への飛躍につながる内容となっている。20世紀初頭エレン・ケイの『児童の世紀』出版以降，子どもの自立・自主性・主体性を尊重する教育に沿った教育実践が試みられてきた。日本においても大正期にさまざまな実践がなされた。キルパトリックのプロジェクト・メソッド，パーカーストのドルトン・プラン，ペーターゼンのイエナ・プランはこれら先駆的実践の代表的なものである。しかし，これらの動きは一部にすぎず，1960年代までは全体として国家や社会の利益が強調され，子どもの個性は後回しになっていた実態は否定できない。

1970年代以降，「学習経験の総体」という側面が重視されるようになった。それは，一律に工学的に評価するのではなく，羅生門的接近と呼ばれるように，さまざまな観点から子どもを評価するようになったのである。つまり，アイスナーの鑑識眼のように，行動的目標ではなく，オープン・エンドの文脈に応じて価値判断を行なうことが求められている。

現在，わが国では不登校児の増大，子どもたちの学習意欲の減退等，さまざまな問題が学校教育に内包している。さらに「いじめ」は社会問題化している。これらの問題解決は一律的，画一的対応では不可能となっている。その理由としては，原因が各人さまざまであり，それぞれに個別的対応をしなければならなくなっていることがある。昨今，フリースクールをはじめさまざまなオールタナティブ・スクールが誕生している。これらの教育実践はキルパトリック，パーカーストやペーターゼン等の新教育運動の教育理念を各人が自分に合致したものを採用することによって解決の糸口をつかんだものと考えられる。過去の教育実践の精神を深く理解し，各時代に適応する教育実践することこそが次世代への飛躍につながるのである。

2022 年 3 月

筆　　者

人名索引

ア 行

カ 行

サ 行

タ・ナ 行

ハ 行

マ・ヤ 行

ラ・ワ 行

事項索引

ア　行

カ　行

サ　行

タ　行

ナ　行

ハ　行

マ　行

ヤ　行

ラ　行

■著者紹介

田中潤一（たなか・じゅんいち）

1977 年生まれ。京都大学大学院教育学研究科博士後期課程研究指導認定退学。大阪大学大学院文学研究科博士後期課程修了。博士（文学）（大阪大学）。関西大学文学部教授。『西田哲学における知識論の研究』（ナカニシヤ出版，2012 年），『教育課程の理論と方法』（北斗書房，2016 年），他。

〔**担当**〕第 1 章 - 第 4 章

田中達也（たなか・たつや）

1979 年生まれ。大阪市立大学大学院文学研究科博士後期課程研究指導認定退学。釧路公立大学経済学部准教授。『若者の未来をひらく　教養と教育』〔共著〕（角川学芸出版，2011 年），「オーストリアの全日制職業教育機関の再編過程――イシュール・プログラムを中心に」（『国際教育』第 16 号，2010 年），「ドイツ高等教育の二元制度の成立過程について――ノルトライン・ヴェストファーレン州を中心に」（『関西教育学会　研究紀要』第 10 号，2010 年），他。

〔**担当**〕第 5 章 - 第 8 章

新版　未来を拓く教育

2022年10月10日　初版第 1 刷発行

著　者　田中潤一
　　　　田中達也

発行者　中西　良

発行所　株式会社　ナカニシヤ出版

〒606-8161　京都市左京区一乗寺木ノ本町15
TEL（075）723-0111
FAX（075）723-0095
http://www.nakanishiya.co.jp/

印刷・製本／亜細亜印刷

＊乱丁本・落丁本はお取り替え致します。

ISBN978-4-7795-1675-7　Printed in japan